Inhaltsverzeichnis

AF217093

Uli Preunkert, Anke Hoffmann, Marianne Steinmeyer

Garmisch – Gardasee
Alpencross
mit dem Mountainbike

GPS-Daten
Roadbooks
Höhenprofile
Immer aktuell zum Download

KOMPASS
Kartenschnitte
im Buch

Garmisch – Gardasee mit dem Mountainbike

München

Garmisch-Partenkirchen

Ehrwald

Imst

Landeck

Nauders

Reschen

Glurns

Naturns

Meran

Lana

Gampenpass

Fondo

Cles

Andalo

Molveno

Sarche

Arco

Riva del Garda

KOMPASS

Einleitung

Die Tour – Anforderungen und Routenverlauf

Unser MTB-Alpencross führt uns auf der Klassikerroute von Grainau bei Garmisch-Partenkirchen zum Ziel der meisten Alpencross-Träume: an den Gardasee.

Die Basisroute entspricht mit ca. 365 km und 5650 hm einer idealen Einsteiger-Alpencrosstour und verläuft hauptsächlich auf markierten Radwanderrouten auf Forst- und Schotterwegen, Asphaltstraßen und leichten Trails. Trage- und Schiebepassagen kommen kaum vor. Die Etappen sind zwar fahrtechnisch nicht schwierig, aber eine Herausforderung an Kondition und Ausdauer. Beides sollte daher vor der Tour ausreichend trainiert werden (ca. 1000 Trainingskilometer) und auch Tagestouren mit 800 bis 1000 hm sollten kein Problem sein.

Für wen es etwas mehr sein darf, der kann die Basisroute durch zahlreiche Varianten je nach Kondition und Fahrkönnen entsprechend erweitern und sich im Baukastensystem einen mittelschweren bis schweren Alpencross zusammenstellen. Wer sich auf dieses Niveau begibt, sollte eine sehr gute Grundlagenausdauer und eine gute Bike-Beherrschung mitbringen und etwa 2000 Trainingskilometer in den Beinen haben. Erfahrungen mit Tages- oder Mehrtagestouren mit mehr als 1500 hm sind von Vorteil.

Die Basisroute führt uns am ersten Tag ausgehend vom Zugspitz-

dorf Grainau über Eibsee, Hochthörlehütte und Fernpass nach Tirol ins malerische Gurgltal nach Imst – die imposanten Gipfel des Zugspitzmassivs haben wir hierbei stets im Blick. Als Varianten stehen zum Einstieg Marienbergjoch und Tegestal auf dem Programm. Weiter geht es an Tag zwei durchs Inntal, über die Fließer Platte und vorbei an der Feste Altfinstermünz ins österreichisch-schweizerische Grenzgebiet. Es locken zahlreiche Tief- und Fernblicke auf die atemberaubende Bergwelt Tirols und des Engadin, bis wir schließlich unser Etappenziel Nauders unweit des Reschenpasses erreichen. Als Erweiterungen der Basisroute bieten sich an diesem Tag der Jakobsweg ab Imst sowie die Auffahrt nach Nauders über Sclamischot und ggf. den Schwarzen See an. Unsere dritte Alpencross-Etappe führt uns auf die Sonnenseite der Alpen nach Italien. Ob über den Reschenpass oder als Variante über den Plamorter Boden oder durch die sagenhafte Uina-Schlucht – schon bald werden wir das mediterrane Flair des Vinschgau riechen, schmecken und fühlen. Und wer kurz vor Meran immer noch nicht genug hat, kann auch noch einen

Das Ziel unserer Alpencross-Träume: der Lago di Garda.

Erschöpft, aber glücklich kommen wir mit unseren Bikes am Lago an.

Das Konzept

Unser Buch soll dabei helfen, Euren Alpencross zu planen und gemäß Eurer individuellen Voraussetzungen und Vorlieben zu gestalten. Zu Anfang jeder Etappe findet Ihr eine Übersicht, die Euch mit den wesentlichen Fakten der jeweiligen Etappe versorgt. In diesem Info-Kasten findet Ihr Angaben zu Anfangs- und Endpunkt, Anforderungen an Ausdauer und Kondition, Wegbeschaffenheit, Erweiterungsmöglichkeiten durch Varianten, Einkehr- und Kartentipps. Zur Basisroute (blau) der jeweiligen Etappe gibt es verschiedene Varianten (rot), die Ihr im „Baukastensystem" auswählen und so die Basisroute entsprechend erweitern bzw. variieren könnt.

Bitte beachtet, dass sich die Angaben zu Panorama, Höhenmetern und Kilometern aus der Übersichtsleiste stets auf die Basisroute beziehen. Auch die Höhenprofile sind auf die Basisroute genormt. Die Angaben zu den Varianten findet Ihr detailliert im Info-Kasten unter „Varianten". Hier ist zu beachten, dass diese Angaben sich auf die Strecken- und Höhenmeter der Variante beziehen. Wenn Ihr Euch für eine Variante entscheidet, „spart" Ihr Euch natürlich Strecken- und Höhenmeter der Basisroute. Wie viele dies sind, könnt Ihr dem Höhenprofil entnehmen. Dieses ist so gestaltet, das sowohl die Basisroute als auch die Varianten dargestellt sind. So könnt Ihr Euch am besten ein Bild davon machen, was die Varianten an „Mehr" für Euch bereit halten. Hier ist zu beachten, dass es sich um eine schematische Darstellung handelt und die Varianten in Bezug auf die Strecken-

Ausflug zu den landestypischen Waalwegen einbauen. Unser vierter Tag führt uns über den höchsten Pass der Tour, den Gampenpass (1518 m) vom Vinschgau ins Val di Non – in die Heimat von „Melinda" und „Golden" und „Red Delicious". Wem diese Auffahrt auf der Basisroute noch nicht anstrengend genug ist, der kann alternativ den Mühlenweg wählen und auch hinunter ins Nonstal über den Wasserfallweg biken und noch ein paar zusätzliche Höhenmeter einsammeln. An unserem fünften und letzten Alpencross-Tag verlassen wir das Val di Non und fahren durch den Naturpark Adamello Brenta, vorbei am Molveno-See, zum Gardasee – diese Etappe verspricht Panoramen der Extraklasse und wunderbare Gardasee-Tiefblicke. Auch dieser letzte Tag lässt sich natürlich noch entsprechend erweitern. Zum einen stehen zwei Varianten für die Auffahrt durch die Brenta nach Andalo zur Auswahl und konditionsstarken Bikern sei die Variante über den Tenno-See nach Riva del Garda ans Herz gelegt. Und dann haben wir es auch schon geschafft und haben unser Ziel, den Lago di Garda, erreicht!

länge eingepasst wurden, um mit der Basisroute zusammen dargestellt werden zu können. Auch die Wegbeschaffenheit haben wir in diese Übersicht mit eingearbeitet: Asphaltpassagen sind auf dem entsprechenden Balken schwarz hinterlegt, Forst- bzw. Schotterwege orange und Trails grün.

Was Ihr in unserem Buch nicht findet, sind Angaben zu den Fahrzeiten. Denn die Erfahrung zeigt, dass diese je nach individuellem Fahrtempo, Anzahl der Pausen etc. sehr stark variieren. Grundsätzlich sind alle Etappen als Tagestouren (ca. 6 Stunden Fahrzeit) angelegt. Info-Kasten und Höhenprofil sollen Euch eine Übersicht über die jeweilige Tagesetappe geben und Euch dabei helfen, Eure Route gemäß Eurer Präferenzen zu planen.

Zu jeder Etappe gibt es einen Kartensatz, in dem die Basisroute (blau) und auch die Varianten (rot) eingezeichnet sind. So könnt Ihr Euch jederzeit orientieren und zwischen Varianten und Basisroute wechseln.

Damit auch die kulturelle Komponente nicht zu kurz kommt, findet Ihr bei den jeweiligen Etappen auch stets Informationen rund um Sehenswürdigkeiten entlang der Route. Und last but not least findet Ihr am Kapitelende selbstverständlich Informationen rund um die Etappenorte mit Übernachtungs- und Restauranttipps, nützlichen Adressen wie Apotheken, Tourist-Infos und Bike-Shops.

Downloads: GPS-Tracks und Roadbooks

Als Ergänzung zu den Kartenschnitten stehen sämtliche GPS-Tracks (Basisroute und Varianten) für Euch unter folgendem Link zum Download bereit: http://www.ulpbike-verlag.de/gapgardamtb.php

Wir empfehlen Euch, wenn Ihr mit unseren GPS-Tracks auf Tour geht, auch die entsprechenden Kartenschnitte oder Kartensätze von KOMPASS (siehe Kartentipps) dabei zu haben. Denn GPS-Tracks sind immer nur so „schlau", wie ihr Benutzer bzw. wie es die Begleitumstände zulassen. Das bedeutet, dass die Empfangsgenauigkeit je nach Witterung und Geländeformation durchaus auch mal schlechter sein kann und von der unter optimalen Bedingungen zu erreichenden Genauigkeit von ca. 3 bis 5 m in der Horizontalen abweicht und gut und gerne auch mal 20 m betragen kann. Und da ist es gut, wenn man zur Absicherung einen Blick in die Karte werfen kann. Also: bei der Verwendung von GPS-Daten, parallel hin und wieder auf die Karte schauen und natürlich auch auf den Weg bzw. dessen Beschilderung. In diesem Zusammenhang ist auch anzumerken, dass es ganz normal ist, wenn Euer GPS Euch ab und an etwas abseits der Route ortet – auch dies liegt an der Empfangs-

Zusammen ein (fast) unschlagbares Team: die gute alte Papierkarte und das GPS-Gerät.

genauigkeit. Also kein Grund zur Panik, solange Richtung und Wegverlauf stimmen!

Als weitere Orientierungshilfe neben Kartenschnitten und GPS-Daten gibt es natürlich auch ganz traditionell Roadbooks, mit denen Ihr Euch auf den Weg machen könnt. Diese findet Ihr ebenfalls unter folgendem Link zum Download: http://www.ulpbike-verlag.de/gapgardamtb.php

An- und Abreise

Unser Startort Grainau ist sowohl mit dem Auto, dem Zug oder auch dem Flugzeug sehr gut zu erreichen (Infos unter: www.grainau.de/de/info_service/anreise-und-verkehr).

Anreise

Mit dem Auto
Von München kommend über die Autobahn A95 nach Garmisch-Partenkirchen, von Augsburg aus über Schongau auf der B17 und weiter in Richtung Oberammergau und Garmisch auf der B23 oder über die A7 Ulm-Kempten und weiter über Reutte und Ehrwald in Tirol. Von Süden erreicht Ihr das Zugspitzdorf über die Brennerautobahn-Innsbruck-Mittenwald.

Mit dem Zug
Mit ICE- und IC-/EC-Zügen bestehen aus nahezu allen deutschen Städten meist stündlich oder alle zwei Stunden komfortable Reisemöglichkeiten nach München HBF. Ab hier verkehrt die Regionalbahn im Stunden-Takt nach Garmisch-Partenkirchen und von dort weiter bis zum Bedarfsbahnhof Untergrainau (Bei der Suche auf dem DB-Server als Zielbahnhof Untergrainau angeben). Von Garmisch-Partenkirchen bringt Euch alternativ auch die Bayerische Zugspitzbahn oder der weiß-blaue Eibsee-Bus nach Grainau. Die Bayerische Zugspitzbahn transportiert allerdings keine Fahrräder (Verbindungen unter: www.reiseauskunft.bahn.de).

Mit dem Flugzeug
Ab dem Flughafen München (ca. 125 km bis Grainau) mit der S-

Bahn München zum HBF und von dort wie oben beschrieben weiter mit dem Zug. Alternativ auch über den Flughafen Innsbruck. Von hier sind es ca. 65 km bis Grainau. Auch von hier empfiehlt sich die Weiterreise mit dem Zug.

Abreise

Sind wir mit unseren Rädern am Gardasee angekommen, stellt sich uns natürlich die Frage, wie wir am besten zurückkommen, wenn wir nicht unseren persönlichen Shuttle dabei haben, der uns einsammelt.

Mit dem Zug

Ab Riva oder Torbole empfiehlt es sich, entweder den Bus bis Rovereto zu nehmen oder dieses Stück auf dem Radweg zurückzulegen (ca. 1,5 Stunden). Ab Rovereto besteht eine gute Zugverbindung über den Brenner bis nach München HBF. In den Zügen des Fernverkehrs ist man gut beraten, im Vorfeld die Räder anzumelden bzw. Stellplätze zu reservieren. Denn in der Hauptsaison nimmt die italienische Bahn nur sehr begrenzt Fahrräder mit und wer nicht reserviert hat, muss oft lange Wartezeiten auf dem Bahnsteig in Kauf nehmen. Im Regionalverkehr ist keine Reservierung erforderlich, aber auch hier kann es zur Hauptreisezeit für den Biker und sein Rad schon mal eng werden.

Mit dem Bike-Shuttle

Wer sich nicht dem Abenteuer Zugfahren stellen möchte, der kann auch auf einen der zahlreichen Alpencross-Rückshuttle-Anbieter zurückgreifen, die in der Hauptreisezeit Alpencrossfahrer wieder zurück über die Alpen bringen. Angebote

findet man zahlreich im Internet (z. B. auch bei ULPtours; www. ulptours.de). Der Preis liegt je nach Anbieter pro Person bei etwa 75 bis 100 Euro.

Reisezeit

Grundsätzlich sind die Sommermonate von Ende Juni bis Anfang September die beste Alpencross-Reisezeit. Wer keine hohen Übergänge plant, kann je nach Großwetterlage auch Ende Mai oder Anfang Juni bereits eine schöne Tour fahren, da es um diese Zeit noch nicht zu heiß und die Natur noch voll frühlingshaftem Charme steckt. Ebenso bietet der Altweibersommer von Anfang bis Mitte September oft noch ideale Bedingungen. Wenn man eine Tour außerhalb der beiden Hauptmonate Juli und August plant, sollte man den Wetterbericht stets im Blick haben und prüfen, ob die geplanten Übergänge auch sicher und ohne Risiken zu fahren sind. Für unsere Klassikerroute empfiehlt sich der Zeitraum von Anfang Juni bis Mitte September.

Wetterinformationen für diese Route gibt es z. B. bei der Wetterdienststelle Innsbruck im Auftrag

Im Altweibersommer hat Biken seinen ganz eigenen Reiz.

Wenn man ein paar Details bedenkt, macht Radfahren in „Bella Italia" gute Laune.

von DAV und OeAV (Tonband: 089-295070; persönliche Beratung: Montag–Freitag, 13–18 Uhr, 0043-512-291600; Südtirol Tonband: +39 0471 271177;

Schweiz Tonband: +41 848 800 162) sowie im Internet unter:

www.alpenverein.de/DAV-Services/Bergwetter/

www.provinz.bz.it/wetter/bergwetter.asp

Regionale Spezialitäten garantieren den Genuss auf Tour.

Warnwestenpflicht – sicher unterwegs in Italien

Wenn Ihr in Italien unterwegs seid, empfiehlt es sich, eine Warnweste im Gepäck zu haben. Denn seit der Überarbeitung der Straßenverkehrsordnung im Oktober 2010 ist man in Italien als Radfahrer per Gesetz dazu verpflichtet, nachts und bei Fahrten durch Tunnels eine reflektierende Weste oder reflektierende Streifen am Oberkörper zu tragen. Auch Beleuchtung ist in diesen Fällen Pflicht. Diese Bestimmung gilt ab einer halben Stunde nach Sonnenuntergang bis eine halbe Stunde vor Sonnenaufgang und zwar ausschließlich für Fahrten außerhalb von Ortschaften. In Tunnels ist das Tragen einer reflektierenden Sicherheitsbekleidung auch tagsüber verpflichtend. Bei Nichtbeachtung dieser Regelung drohen empfindliche Geldstrafen bis zu 100 Euro.

Die Autoren

Uli Preunkert

Dr. Anke Susanne Hoffmann

Marianne Steinmeyer

geboren und aufgewachsen im hohenlohischen Land, zog das Studium der Elektrotechnik nach München. Seit 1991 ist er als Projektingenieur weltweit tätig. 2003 gründete er den auf Radreisen spezialisierten Reiseveranstalter ULPbike, der 2008 zum Outdoor-Reiseveranstalter ULPtours erweitert wurde. Uli Preunkert hat bereits mehrere Bücher zum Thema Radsport verfasst: u. a. „Alpencross Training" und „Mountainbike-Treks Südtirol und Dolomiten" (Bruckmann Verlag).

geboren und aufgewachsen im Saarland, kam 2005 nach München. Als Redakteurin und Programmleiterin hat die promovierte Germanistin bei verschiedenen Verlagen und Medienunternehmen gearbeitet, bevor sie im Frühjahr 2012 zu ULPtours kam und ihre Passion, das Mountainbiken, zum Beruf machte. Sie verantwortet zum einen als Projektmanagerin das Buchprogramm des ULPbike Verlags und führt im Sommer als Mountainbike-Guide Gruppen über die Alpen.

geboren und aufgewachsen in Osnabrück, kam vor zehn Jahren nach München. Nach einem halben Jahr als Backpackerin in Kolumbien, Venezuela und Guatemala die Diplom-Soziologin hat ihren Arbeitsplatz gegen eine Mischung aus Bürojob im Bereich Kommunikation im Winter und Guide- sowie Supportjob im Sommer getauscht. Zusammen mit Uli Preunkert hat sie bereits mehrere Radsport-Bücher im Bruckmann Verlag veröffentlicht.

Danksagung

Bedanken möchten wir uns bei allen, die uns bei diesem Buchprojekt unterstützt haben: vor allem bei unserem Partner, der KOMPASS Karten GmbH, für die sehr gute und unkomplizierte Zusammenarbeit in Sachen Kartografie, Rüdiger Wagner für

das gelungene Layout und natürlich dem ULPbike-Team, das uns stets mit Rat und Tat zur Seite gestanden hat. Unser besonderer Dank geht an Steffi für das Erstellen der Höhenprofile, an Mikka und Manuela für die Ausarbeitung der Kartenschnitte, an Mikka

fürs Coverdesign, an Nicole fürs Korrekturlesen und an Michi für alle Fragen rund um die Routenplanung. Außerdem möchten wir uns auch bei Caro und Holger bedanken, die uns beim Abfahren der Strecken tatkräftig unterstützt haben.

Die Etappen

1 Am Fuße der Zugspitze – von Grainau nach Imst

 **Panorama** ○○○○○○

 **Höhenunterschied** ca. 1300 hm

Tourlänge ca. 60 km

Ausgangs-/Endpunkt: Grainau (ca. 770 m)/Imst (ca. 800 m)

Ausdauer: Für die Auffahrt *(Basisroute)* über Eibsee und Hochthörlehütte nach Tirol ist eine gute Grundlagenausdauer erforderlich; für die Auffahrt zum Marienbergjoch *(Variante 1)* ist eine sehr gute Kondition und Kraftausdauer notwendig (ggf. die eine oder andere Schiebepassage).

Fahrtechnik: Alle Trails der *Basisroute* und der *Variante 1* sind gut fahrbar, erfordern aber Konzentration und gute Bikebeherrschung.

Wegbeschaffenheit: größtenteils Forst- und Schotterwege, einige flowige Trails, wenig Asphalt; kurze Schiebepassage ab Sunnalm zum Marienbergjoch *(Variante 1)*.

höchster Punkt: Hochthörlehütte (1459 m)/Marienbergjoch (1797 m)

Variante:
1 Marienbergjoch (ca. 650 hm; ca. 18 km) (statt Übergang Fernpass)

Einkehrtipps: *Basisroute:* Hochthörlehütte, diverse Cafés in Ehrwald, Waldhaus Talblick/Biberwier, Café Schloss Fernsteinsee, Gasthof Seewald/Strad; *Variante 1:* Sunnalm, Marienbergalm, Gasthof Aschlandhof

Kartentipps: Kompass 5 – Wettersteingebirge, Zugspitzgebiet; Kompass 24 – Lechtaler Alpen, Hornbachkette

Zum Einstieg in unseren Alpencross erwartet uns eine schöne Panoramatour ausgehend vom Zugspitzdorf Grainau über Eibsee und Hochthörlehütte nach Tirol ins malerische Gurgltal – die imposanten Gipfel des Zugspitzmassivs stets im Blick.

Über den sogenannten Plattensteig nach Ehrwald.

Wir starten unsere Tour im Zugspitzdorf Grainau (ca. 770 m) und fahren hinauf zum Eibsee, den wir auf einem wunderschönen Panoramaweg umrunden, bevor wir die Auffahrt zur Hochthörlehütte (1459 m) in Angriff nehmen. Auf einer gut fahrbaren Schotterstraße mit angenehmer Steigung bezwingen wir den ersten Berg unserer Tour – der türkisfarbene Eibsee auf der einen und das Zugspitzmassiv auf der anderen Seite bieten hierfür die perfekte Kulisse mit traumhafter Aussicht.

Nach einem kurzen Kaffeestopp auf der Hochthörlehütte wartet unser erster Downhill auf uns – entweder komplett auf Speed-Asphalt oder mit kleinen, aber feinen Traileinlagen. Vorbei an der Talstation der Zugspitzbahn geht es hinab ins österreichische Ehrwald (ca. 1020 m).

Durch den idyllischen Lärchenwald bei Ehrwald biken wir über den Panoramahöhenweg auf der Via Claudia Augusta Richtung Biberwier und weiter zu den Fernpassseen. Kurz vorm Weißensee müssen wir uns entscheiden, ob wir weiter der alten Römerstraße

SEHENSWÜRDIGKEITEN

Eibsee

Der Eibsee gehört zur Gemeinde Grainau und ist ein beliebtes Ziel für Tagesausflügler. Der See gilt aufgrund seiner Lage unterhalb der Zugspitze und des klaren, grün getönten Wassers als einer der schönsten Seen der bayerischen Alpen. Er entstand vor ca. 3700 Jahren, als ein gewaltiger Bergsturz mit einer Fläche von 15 km² den Kessel schuf, in dem der See mit seinen 29 Mulden und 8 Inseln heute liegt. Die einzigen nennenswerten oberirdischen Zuflüsse sind der Kotbach, der in die Nordwestspitze des Sees mündet, sowie der Weiterbach im Süden. Der See ist ein Blindsee, da kein oberirdischer Abfluss vorhanden ist und Wasser aufgrund der Beckenlage nur unterirdisch abfließen oder versickern kann. Sein Name ist auf die Eibe zurückzuführen, die früher sehr zahlreich um den See herum vorkam. Heute ist sie am See nur noch vereinzelt zu finden. Einen guten Blick auf den See hat man von der Eibsee-Seilbahn aus, welche auf die Zugspitze hinaufführt. Empfehlenswert ist der Eibsee-Wanderweg, der einmal rund um den See führt. Der Weg ist mit gut 7 km nicht zu lang und man hat von vielen Stellen einen großartigen Blick auf die Zugspitze.

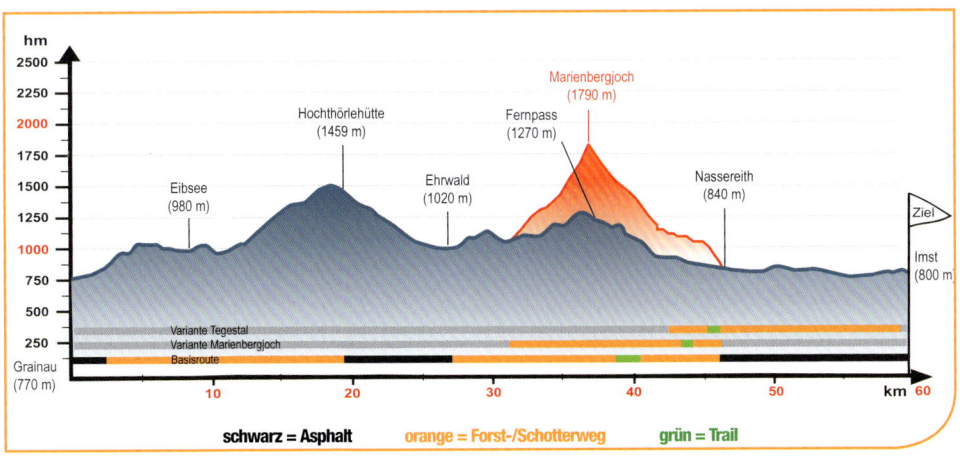

schwarz = Asphalt   orange = Forst-/Schotterweg   grün = Trail

Panoramablick von der Terrasse der Marienbergalm nach Tirol.

und damit unserer Basisroute über den Fernpass (ca. 1270 m) folgen oder den anspruchsvolleren und deutlich höheren Übergang über das Marienbergjoch (ca. 1790 m) (Variante 1) wählen. Die Auffahrt zum Joch hat es in sich und wer am Ende auch noch die kurze, aber steile Passage (ca. 30 %) auf grobem Schotter schafft, darf sich zu recht „Bergkönig" nennen und wird oben auf dem Joch oder ca. 150 hm tiefer auf der Terrasse der Marienbergalm mit einem grandio-

SEHENSWÜRDIGKEITEN

Fernsteinsee/Schloss Fernstein

Der Fernsteinsee ist ein Privatsee und liegt unterhalb des Fernpasses auf dem Gebiet der Gemeinde Nassereith/Tirol. Der kristallklare Bergsee ist ein beliebtes Tauchrevier für Sporttaucher. Denn der 550 m lange und bis zu 540 m breite Fernsteinsee weist Tiefen bis zu 17 m auf und hat unter der Wasseroberfläche eine märchenhafte Landschaft mit bizarren Pflanzen und zahlreichen Fischen zu bieten. Das Schloss Fernstein liegt am Westufer des Sees und entstand unweit des Fernpasses als Wegsperre und Zollstätte. Denn der Fernsteinsee und steile Felswände verengen an dieser Stelle den Talboden, sodass die Handelsstraße, die einst direkt durch den Torbogen am Schloss vorbei führte, gut zu kontrollieren war. Die Ruinen des Wohnturms der einstigen Klause und Teile der 4 m hohen Sperrmauer sind noch erhalten. Das im 14. Jahrhundert errichtete Niederhaus mit Klause, Zollstelle, Wirtshaus, Waffenkammer, Herzogskammer und Stallungen wurde baulich verändert und dient heute als Wirtschaftsgebäude. Hier ist u. a. ein Hotel untergebracht.

Die Radroute spuckt uns direkt am Schloss Fernstein aus.

sen Blick auf die Tiroler Bergwelt belohnt. Dann geht es rasant berg-ab Richtung nach Nassereith. Zum Abschluss lockt ein Trail mit Flow-Garantie!

Auch der „klassische" Übergang über den Fernpass hat seinen Reiz. In angenehmen Kehren schlängeln wir uns hinauf bis auf ca. 1270 m und schauen bei der „Schönen Aussicht" hinab auf den kristall-klaren Fernsteinsee, bevor uns der Weg direkt am Schloss Fernstein ausspuckt.

Von nun an rollen wir gemütlich auf guten Forst- und Schotter-wegen durchs malerische Gurgltal unserem Etappenziel Imst entge-gen. Bei schönem Wetter sollten wir einen Stopp bei der Heilquelle hinter Strad einlegen. Denn hier können wir unsere müden Füße und Waden baden, um sie fit zu machen für die nächste Etappe.

Von hier aus ist es dann auch nur noch ein Katzensprung zu unserem ersten Etappenziel Imst. In diesem malerischen Städtchen mit seinen barocken Häusern und mehr als zwanzig Brunnen lassen wir unse-ren ersten Alpencross-Tag gemüt-lich ausklingen.

Relaxen in den Be-cken der Heilquelle bei Strad.

Garmisch-Partenkirchen und Grainau

Garmisch-Partenkirchen liegt am Fuße der Zugspitze und ist einer der bedeutendsten heilklimatischen Kurorte der bayerischen Alpen sowie die bekannteste Wintersportmetropole Deutschlands. Der Olympiaort von 1936 und Weltmeisterschaftsort von 1978 sowie 2012 bietet Naturerlebnisse und Erholung, Sportaktivitäten in Hülle und Fülle, aber auch Wellness und Shopping.

Die Zugspitze

Die prominenteste Sehenswürdigkeit in Garmisch-Partenkirchen ist natürlich die Zugspitze, mit 2962 Metern Deutschlands höchster Berg. Die Besucherzahlen sprechen für sich – rund eine halbe Million Gäste erklimmen Deutschlands berühmtesten Gipfel pro Jahr. Auf dem etwas tiefer gelegenen Gletscher stehen zwei Restaurants, in der Bergstation gibt es eine Panorama-Lounge und den „höchsten Biergarten Deutschlands".

Bereits die Auffahrt mit der 1930 erbauten Zahnradbahn ist ein Erlebnis. Die Bahn fährt in 35 Minuten von der Station Eibsee (1008 m) auf das 8,3 Kilometer entfernte Zugspitzplatt auf 2588 m. Auf der Fahrt geht es durch einen 4,8 km langen Tunnel. Während der Durchfahrt wird ein Video über den Bau der Strecke gezeigt.

Die Zugspitze ist im Winter ein bekanntes Skigebiet, das besonders schneesicher ist. Bereits im November beginnt hier die Skisaison. Geboten werden einfache, aber auch anspruchsvolle Abfahrten, ein Kinderland und für Nicht-Skifahrer eine Rodelstrecke und Winterwanderwege.

Auch ein Besuch der Zugspitzkapelle, die nur ein paar Meter unter dem Gipfel gelegen ist, lohnt sich. Die kleine Kapelle Maria Heimsuchung ist die am höchsten gelegene Kirche Deutschlands. Sie wurde einst von Kardinal Joseph Ratzinger, dem emeritierten Papst, geweiht und ist ein beliebter Ort für Hochzeiten. Über 400 Hubschraubereinsätze waren notwendig, um auf dem Zugspitzplatt Deutschlands höchstgelegenes Gotteshaus zu erbauen.

Wer die Nacht auf dem Dach Deutschlands zu verbringen möchte, kann dies im „Münchner Haus",

![Deutschlands höchster Berg – die Zugspitze.]

Deutschlands höchster Berg – die Zugspitze.

einer Berghütte des Alpenvereins, tun. Seit Mitte der 20er-Jahre hat die Familie von Hansjörg Barth das „Münchner Haus" gepachtet. Barth ist Pächter in der dritten Generation, er bietet Übernachtungen im großen, aber gemütlichen Mehrbettzimmer an.

Die günstigste Variante für den Ausflug auf den höchsten Berg Deutschlands ist die Zugspitz-Rundreise, sie kostet 50 Euro für einen Erwachsenen. Mit der Eibsee-Seilbahn geht es zur Bergstation, von dort mit der Gletscherbahn auf das Zugspitzplatt und dann mit der Zahnradbahn wieder runter ins Tal – oder andersherum. 9 Euro mehr kostet es, wenn ein zweiter Gipfel dazu gebucht wird. Alle weiteren Infos unter: www.zugspitze.de

Partnachklamm

Auch die Partnachklamm ist schon lange kein Geheimtipp mehr. Jedes Jahr besuchen mehr als 200 000 Menschen das Naturspektakel. Auf einer Länge von etwa 700 Metern hat sich die Partnach bis zu 80 Meter tief in den Felsen hineingefressen. Hier unten kann es recht frisch werden und man sollte besser auch im Sommer eine Jacke oder einen Pullover mitnehmen. Zudem ist die Besichtigung der Partnachklamm eine recht feuchte Angelegenheit, da es permanent von den umliegenden Felswänden tropft. Eine Regenjacke hilft in diesem Fall auf den engen Wegen besser als ein sperriger Schirm.

Ein Ausflug in die Partnachklamm lässt sich ideal mit einer Wanderung zum Eckbauer oder zum Hausberg von Garmisch-Par-

tenkirchen kombinieren. Es fahren zu beiden Bergen Bergbahnen, die einem helfen, die Wanderung auf eine gemütliche Länge zu reduzieren.

Die Partnachklamm ist außerhalb dieser Öffnungszeiten (Sommer von 8 bis 18 Uhr, Winter von 9 bis 17 Uhr) auf eigene Gefahr begehbar. Sie ist von Mai bis März geöffnet, es kann aber zwischenzeitlich zu Schließungen aus Sicherheitsgründen (bei extremen Wetterbedingungen) kommen.

Adresse: Partnachklamm, Wildenauer Straße, 82467 Garmisch-Partenkirchen, Tel.: Klammkasse 08821/3167, www.partnachklamm-info.de

Olympiaschanze

Die Olympiaschanze am Gudiberg in Garmisch-Partenkirchen ist vor allem durch das jährliche Neujahrsspringen der Vierschanzentournee über Deutschlands Grenzen hinaus bekannt. Die Schanze wurde bereits im Jahr 1921 erbaut, erhielt aber erst 1936 bei den Olympischen Winterspielen ihren Namen. Hier diente sie als Ort für die Wettbewerbe der Skispringer. Vor den großen Spielen wurde sie nach einigen Umbauten in einem Probespringen neu eingeweiht, bevor 130 000 Zuschauer Zeugen des Olympiasieges des Norwegers Birger Ruud wurden. Im Laufe der Jahrzehnte wurde die Schanze mehrfach umgebaut und modernisiert.

Seit 1952 ist sie auch Teil der berühmten Vierschanzentournee. Da hier bereits seit dem Bau der Olympiaschanze 1921 Neujahrsspringen stattfanden, wurde sie eine der vier Austragungsorte des wichtigen Sportevents und ist es

bis heute. Mit einer Gesamthöhe von 149 Metern sind nun Weiten von mehr als 140 Meter möglich. Auch architektonisch beeindruckt die Schanze durch ihren fast freischwebend wirkenden Anlaufturm.

Es werden Führungen angeboten, bei denen den Besuchern die Welt der Skispringer näher gebracht wird. Sie werden über die Geschichte des Skispringens sowie über den Ablauf vor und nach einem Absprung informiert – und das alles in der schwindelerregenden Höhe des Anlaufturms. Dieser ist übrigens nicht nur tagsüber ein Highlight in Garmisch-Partenkirchen: nachts erstrahlt er dank der indirekten Beleuchtung wie eine Skulptur.

Nützliche Adressen

Tourist-Info
Tourist-Info Zugspitzdorf Grainau
Parkweg 8
82491 Grainau
Tel.: +49 8821 981850
E-Mail: info@grainau.de
www.grainau.de

Apotheke
Zugspitz-Apotheke
Unterer Dorfplatz 1
82491 Grainau
Tel.: +49 8821 8832

Bike-Shop
BikerBahnhof
Fürstenstr. 20
82467 Garmisch-Partenkirchen
Tel.: +49 8821 798987
E-Mail: gapa@bikerbahnhof.com
www.bikerbahnhof.com

Hotel Nuss
Waxensteinstr. 29
82491 Grainau
Tel.: +49 8821 9860
E-Mail: info@hotel-nuss.com
www.hotel-nuss.com

Hotel Wetterstein
Waxensteinstr. 26
82491 Grainau
Tel.: +49 8821 985800
E-Mail: info@hotel-wetterstein.de
www.hotel-wetterstein.de

Alpenhof Grainau
Alpspitzstr. 34
82491 Grainau
Tel.: +49 8821 987 0
E-Mail: info@alpenhof-grainau.de
www.alpenhof-grainau.de

Gasthof Höhenrain
Eibseestr. 1
82491 Grainau
Tel.: +49 8821 8888
E-Mail: info@hotel-hoehenrain.de

Essen & Trinken

Eibsee-Alm
Seeweg 1
82491 Grainau
Tel.: +49 8821 82411

Taverne
Seeweg 1
82491 Grainau
Tel.: +49 8821 8081

Gungl Stuben
An der Wies 1
82491 Grainau
Tel.: +49 8821 7303950

Imst

Imst liegt auf ca. 800 m Seehöhe im Oberinntal, am Rande der Lechtaler Alpen. Der Hausberg ist der 2774 m hohe Muttekopf. Von Imst führt eine Passstraße über das Hahntennjoch nach Elmen im Lechtal.

Rosengartenschlucht

Auf einer Länge von 1,5 km gräbt sich der Schinderbach von der Blauen Grotte durch die Felsrücken der Imster Mittelgebirgsterrassen bis zur Johanneskirche (Höhenunterschied 250 m). Hier kann der Besucher die Jahrmillionen der Erdgeschichte nachempfinden und sich von der Schönheit der Rosengartenschlucht sowie dem Reichtum an Blumen, Tieren und Steinen in dieser Schlucht begeistern lassen. Alpine Pflanzen und Tiere steigen aufgrund der besonderen Bedingungen in der Rosengartenschlucht weit tiefer als es ihrer eigentlichen Verbreitung entspricht. Das feucht kühle Klima fördert das Wachstum von Farnen und Moosen, man begegnet hier einer einmaligen Vegetation. Das Bemerkenswerte an der Schlucht: Der Einstieg liegt mitten im Zentrum der Stadt.

Blaue Grotte

Neben den Regionen Kitzbühel und Schwaz war die Region um Imst (Gurgltal) eines der bedeutendsten Bergbaugebiete Nordtirols. Schon vor 2000 Jahren zur Römerzeit wurde hier nach silberhaltigem Bleiglanz gesucht. Wahrscheinlich wurde bereits in den ersten Jahrhunderten nach Christi Geburt mit der Feuersetzmethode Erz abgebaut; dabei wurde das Gestein des Felsens durch die Erhitzung spröde und konnte auf diese Weise leichter abgeschlagen werden. So entstand die Blaue Grotte, die wohl in ihrer Art einzigartig in Tirol ist.

Knappenwelt Gurgltal

Der Bergbau war für viele Bewohner im Gurgltal die einzige Möglichkeit, den Lebensunterhalt für ihre Familien zu erarbeiten. So brachte der Bergbau nicht nur viele Stollen, die bis zum heutigen Tag in der Region sichtbar sind, sondern auch einen gewissen Wohlstand für die Menschen, die hier wohnten.

In der „Knappenwelt Gurgltal", am Fuße des Tschirgants in Tarrenz kann der Besucher am harten aber auch faszinierenden Leben der Knappen teilhaben. Neun Gebäude und ein Stollen laden Groß und Klein auf eine wunderbare Reise in die Vergangenheit ein. In den Gebäuden erfährt man, welche Erze im Gurgltal gefunden wurden und werden und mit welchen Abbautechniken die Knappen das Erz aus den Stollen zu den Erzhöfen und zur weiteren Verarbeitung beförderten.

Nützliche Adressen

Tourist-Info

Tourist-Info Imst
Johannesplatz 4
6460 Imst
Tel.: +43 5412 6910 0
E-Mail: info@imst.at
www.imst.at

Bike-Shop

bike&run
Meraner Str. 15
6460 Imst

Tel.: +43 5412 63770
E-Mail: info@bike-run.at
www.bike-run.at

GurgItal-Apotheke
Pfarrgasse 42
6460 Imst
Tel.: + 43 5412 64433

Stadtapotheke Imst
Dr.-C.-Pfeiffenberger Str. 22
6460 Imst
Tel.: + 43 5412 66210

Hotels
Hotel Auderer
Brennbichl 82
6460 Imst
Tel.: + 43 5412 66885

E-Mail: hotel@auderer.at
www.hotel-auderer.com

Panoramahotel GurgItaler Hof
Rotanger 1
6464 Tarrenz
Tel.: +43 5412 66048
E-Mail: info@gurgltaler-hof.com
www.gurgltaler-hof.com

Hotel Stern GmbH
Pfarrgasse 42
6460 Imst
Tel.: +43 5412 63342
E-Mail: info@stern-imst.at
www.stern-imst.at

Alpenhotel Linserhof
Teilwiesen 1
6460 Imst

Tel.: +43 5412 66415
E-Mail: hotel@linserhof.info
www.linserhof.info

Essen & Trinken
Il Camino
Schustergasse 4
6460 Imst
Tel.: +43 5412 62162

Pizzarella
Dr.-C.-Pfeiffenberger Str. 16
6460 Imst
Tel.: +43 5412 62244

Oase
Industriezone 32
6460 Imst
Tel.: +43 5412 63015

Vom Marienbergjoch hat man Tirol bereits gut im Blick.

2 Beeindruckende Grenzgänge – von Imst nach Nauders

 **Panorama**
●●●○○

 **Höhenunterschied**
ca. 1300 hm

 **Tourlänge**
ca. 76 km

Ausgangs-/Endpunkt: Imst (ca. 800 m)/Nauders (ca. 1360 m)

Ausdauer: Für den teils steilen Uphill mit Schiebe-/Tragepassagen über Sclamischot und Schwarzen See nach Nauders ist sehr gute Kondition erforderlich *(Variante 3/4)*, u. a. hinauf zum Schwarzen See.

Fahrtechnik: Für die Schwarzseetrails *(Variante 4)* sind eine sehr gute Bikebeherrschung und fortgeschrittene Fahrtechnikkenntnisse notwendig.

Wegbeschaffenheit: auf der *Basisroute* hoher Asphaltanteil (Radwege, Fahrstraßen); *Varianten* meist auf Forst- und Schotterwegen sowie gut fahrbaren Trails; kurze Schiebe-/Tragepassage zum Schwarzen See *(Variante 4)*

höchster Punkt: Norbertshöhe (1409 m)/Schwarzer See (1730 m)

Varianten:
1 Jakobsweg (ca. 450 hm; ca. 16 km);
2 Wiesentrail nach Nauders (ca. 2 km);
3 Sclamischot/Norbertshöhe (ca. 500 hm; ca. 14 km);
4 Sclamischot/Schwarzer See (ca. 700 hm; ca. 16 km)

Einkehrtipps: diverse Cafés in Landeck, Fischeralm am Rieder Badesee, Alpengasthof Norbertshöhe

Kartentipps: Kompass 24 – Lechtaler Alpen, Hornbachkette; Kompass 42 – Landeck, Nauders, Samnaungruppe

Die zweite Etappe führt uns durchs Inntal, über die Fließer Platte und vorbei an der Feste Altfinstermünz ins österreichisch-schweizerische Grenzgebiet. Es locken zahlreiche Tief- und Fernblicke auf die atemberaubende Bergwelt Tirols und des Unterengadin.

Trailgenuss vom Feinsten auf der Fließer Platte.

SEHENSWÜRDIGKEITEN

Altfinstermünz

Die Finstermünz (heute Altfinstermünz) gehört zum Gemeindegebiet von Nauders und liegt dort, wo die bis 1854 benutzte alte Straße vom Reschenpass in Richtung Pfunds-Landeck den Inn erreicht, der die Grenze zur Schweiz bildet. Hier steht eine kleine Kapelle, das alte Zollhaus und wie an den Felsen geklebt „Sigismundseck", erbaut von Herzog Sigismund. Inmitten des Inn steht der alte Turm mit der Holzbrücke. Die Altfinstermünz ist von zwei Seiten zu erreichen: Ein Weg führt vom Unterengadin ins Obere Gericht, ein zweiter Weg führte schon zur Römerzeit nach Altfinstermünz, die Via Claudia Augusta. Die Altfinstermünz ist nur im Sommer zugänglich (freier Eintritt). Alle weiteren Infos zu Führungen und Besichtigungen: www.altfinstermuenz.com

Wir starten unsere heutige Etappe in Imst (ca. 800 m) und rollen zunächst ganz gemütlich durch Mils, Schönwies und Zams auf dem Inntalradweg Richtung Landeck. Wir folgen stets der alten Römerstraße, der Via Claudia Augusta. Kurz vor Zams haben wir Gelegenheit, die Spuren der Römer und ihrer Wagen zu bestaunen. Denn diese haben sich hier für alle Zeiten in den Stein gegraben.

Wer die Einrollphase etwas anspruchsvoller und auch abwechslungsreicher gestalten möchte, der kann statt des Inntalradwegs den Jakobsweg über Kronburg nach Zams wählen (Variante 1).

Ab Zams ist es nicht mehr weit, bis wir das kleine Städtchen Landeck am Inn erreichen und durch die Gässchen der Altstadt hinauf zum Schloss radeln. Der Vorhof des Schlosses lädt zu einer kleiner Verschnaufpause ein. Denn nun steht der erste Anstieg für diesen Tag an – hinauf auf die Fließer Platte.

Auf historischen Pfaden – Spuren der Römer kurz vor Zams.

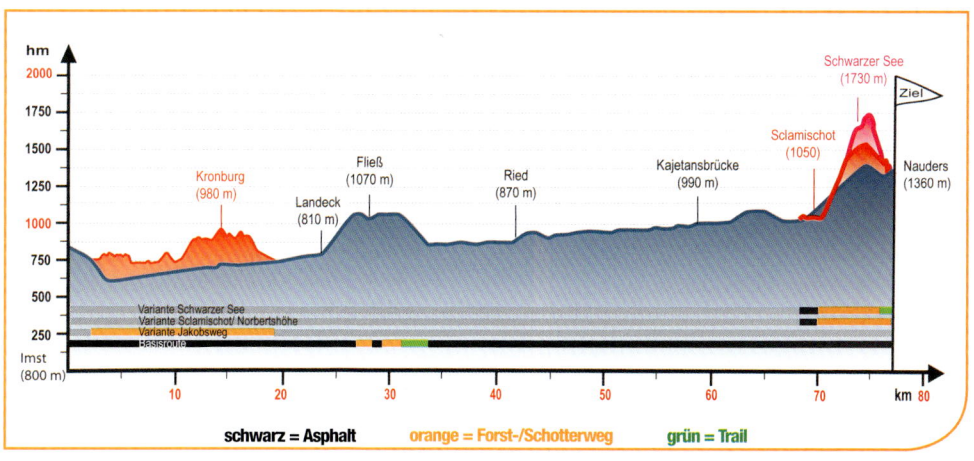

schwarz = Asphalt   orange = Forst-/Schotterweg   grün = Trail

Schloss Landeck –
hoch über dem Inn.

Immer einen Abste-
cher wert – die alte
Grenz- und Zollfeste
Altfinstermünz.

Über Forstwege und tolle Trails biken wir durch den Naturpark Kaunergrat bis nach Fließ (ca. 1070 m). Hinab zum Inn wartet ein wunderbar flowiger Wiesentrail auf uns, der uns direkt auf den Radweg zurückbringt.

Wir folgen weiter dem Inn und erreichen kurz nach Prutz den Rieder Badesee. Dieser idyllische kleine See liegt direkt an der Radroute. Was könnte schöner sein, als die Mittagspause mit einem Sprung ins kühle Nass – vielleicht sogar über die Wasserrutsche – zu kombinieren? Also: Badesachen nicht vergessen.

Weiter geht es nun stets dem Verlauf des Inn folgend mit leichter Steigung Richtung Pfunds. Wenn sich nach einer kurzen Abfahrt die Kajetansbrücke vor uns über den Radweg spannt, haben wir schon fast die Schweiz erreicht. Nach der Zollstation folgen wir zunächst ein Stück der Mautstraße und haben dann die Wahl: Entweder bleiben wir auf dieser bis Martina oder wir gönnen uns noch einen Abstecher

hinunter ins enge Tal zur alten Feste Altfinstermünz. Hierfür zweigen wir schon bald auf einen kleinen Trail parallel zur Straße ab.

Haben wir schließlich die Zollstation in Martina erreicht, ist es nicht mehr weit bis nach Nauders, unserem Etappenziel. Am schnellsten und einfachsten erreichen wir dieses über die Fahrstraße hinauf auf die Norbertshöhe (1409 m). In 11 Kehren schlängelt sich die Straße mit angenehmer Steigung hinauf bis zum Bergasthof Norbertshöhe, dessen Terrasse zu einem Nachmittagscappuccino einlädt. Hinab nach Nauders können wir entweder weiter der Fahrstraße folgen oder noch einen kleinen, aber feinen Wiesentrail-Downhill einbauen (Variante 2).

Wer Schotter- und Forstwege Asphalt vorzieht, der sollte sich für die Auffahrtsvarianten auf guter aber in Teilen steiler Schotterpiste über Sclamischot entscheiden (Variante 3/4). Hierzu folgen wir dem Inntalradweg noch ein Stück weiter ins Engadin hinein bis nach Sclamischot. Ab dort geht es dann in den

Anstieg hinauf und hinüber nach Österreich. Als Highlight wartet hier ein alter Tunnel auf uns, für den es sich lohnt, eine Stirnlampe in den Rucksack zu packen. Je nachdem wie viel Energie wir noch haben, können wir entweder auf ca. 1450 m zur Norbertshöhe abzweigen (Variante 3) oder weiter bis hinauf zum Schwarzen See (ca. 1730 m) (Variante 4) fahren.

Bis zu diesem idyllisch gelegenen Moorsee heißt es dann noch, ein kurzes Schiebe-/Tragestück über wurzelige Pfade überwinden. Aber für die unvergessliche Stille am Ufer des Schwarzen Sees, den Blick auf das Dreiländereck (Schweiz, Österreich, Italien) und die sich anschließende Trailabfahrt nach Nauders lohnt sich jeder gefahrene bzw. geschobene Meter!

Traumhaft schön – der Schwarze See hoch über Nauders.

Schloss Naudersberg an der alten Straße zum Reschenpass.

Etappenorte

Landeck

Landeck ist eine Kleinstadt mit knapp 8000 Einwohnern im Tiroler Oberland. Über der Stadt ragt von Weitem sichtbar das Schloss Landeck, die Hauptattraktion des kleinen Ortes. Schon in der Römerzeit war der Landecker Talkessel ein wichtiger Verkehrsknotenpunkt. Mit der Römerstraße Via Claudia Augusta und dem Pfad über den Arlberg erlangte Landeck schon früh eine wichtige wirtschaftliche Bedeutung. Der Passübergang über den Arlberg erlebte seinen Aufschwung im Mittelalter, zu dieser Zeit erhob man sogar Wegegeld. Im Mittelalter wurden Verkehr und Handel von den drei Burgen des Talkessels kontrolliert (Burg Landeck, Burg Schrofenstein,

Kronburg). Schloss Landeck diente als Gerichtssitz der Grafen von Tirol, die um 1250 das landesfürstliche Gericht Landeck schufen. 1296 erscheint die Burg erstmals in schriftlichen Quellen. Am Ende des Dreißigjährigen Krieges (1648) reichte in vielen landwirtschaftlichen Betrieben der Ertrag nicht aus, um eine Familie versorgen zu können. Viele erwachsene Männer mussten als Saisonarbeiter nach Deutschland und in die Schweiz gehen, schulpflichtige Mädchen und Burschen als Schwabenkinder in den süddeutschen Raum. Diese Not hielt noch bis zur Eröffnung der Arlbergbahn 1883 an. Mit dem Bau der Arlbergbahn wurde Landeck an das internationale Eisenbahnnetz angeschlossen. 1883 wurde das Teilstück Innsbruck-Landeck eröffnet, im September 1884 war die gesamte Strecke fertiggestellt. Die Bahn brachte

nicht nur Arbeitsplätze für viele Eisenbahner, die vor der Elektrifizierung der Strecke zum Betrieb notwendig waren, sondern auch einen Industrialisierungsschub.

Heute ist Landeck ein wichtiger Industriestandort und die Westtiroler Bergwelt eine beliebte Ferienregion. Das reichhaltige Sportangebot, die zahlreichen Ausflugsziele und die Einkaufsmöglichkeiten bieten ein abwechslungsreiches Urlaubsprogramm.

Ein wahrhaft kulinarisches Einkaufserlebnis verspricht der wöchentlich stattfindende Landecker Frischemarkt. Ob echtes Vinschger Brot, würziges Palabirnenbrot oder Schüttelbrot aus Südtirol, Bienenhonig und Johannisöl, Schafswürste oder Fisch aus heimischen Alpenbächen, allein beim Spaziergang über den Wochenmarkt läuft dem Besucher das Wasser im Mund zusammen. Hier kann man

Von der Fließer Platte blicken wir hinab ins enge Inntal.

sich mit allerlei Köstlichkeiten eindecken, die man für ein gemütliches Picknick – etwa oben auf der Fließer Platte – gebrauchen kann (Öffnungszeiten: Jeden Freitag von 10:00 bis 17:00 Uhr in der Malserstr. in Landeck).

Nützliche Adressen

Tourist-Info
Tourismusverband TirolWest
Malserstr. 10
6500 Landeck
Tel.: +43 5442 65600
E-Mail: info@tirolwest.at
www.tirolwest.at

Apotheke
Stadtapotheke Landeck
Malserstr. 18
6500 Landeck
Tel.: +43 5442 623340

Bike-Shops
Auer 2-Rad
Malserstr. 42
6500 Landeck
Tel.: +43 05442 62520

Peto-Fahrradfachgeschäft
Hauptstr. 106
6511 Zams
Tel.: +43 05442 63550
www.petobike.com

Essen & Trinken
Restaurant Hotel Schrofenstein
Malserstr. 31
6500 Landeck
Tel.: +43 5442 62395

Gasthof Kreuz
Rifenal 15
6511 Zams
Tel.: +43 5442 61240

Nauders

Das österreichische Bergdorf Nauders liegt in einem Hochtal, dem Tal des Stille Bachs oberhalb des Inntals, zwischen dem Finstermünzpass im Norden und dem Reschenpass im Süden und gehört geografisch schon zum Vinschgau. Am „Dreiländergrenzstein" (2179 m) im Südwesten des Gemeindegebiets treffen die Grenzen von Österreich, der Schweiz und Italien aufeinander.

Festung Nauders

Bei der Festung Nauders handelt es sich um die einzige vollständig erhaltene Festungsanlage Alt-Österreichs. Sie diente lange Zeit zum Schutz der Südgrenze Tirols. Die Festung wurde um 1840 errichtet, gegenüber steht die Kaserne mit ihren in den Berg eingelassenen Bunkern. Von hier aus zog sich die aus dem frühen Mittelalter stammende Verteidigungsmauer, die Niklasmauer, den Berg hinauf. Reste davon kann man heute noch besichtigen (Öffnungszeiten: Mittwoch und Sonntag um 15:00 Uhr).

Schloss Naudersberg

Die Burg Naudersberg (oder auch Schloss Naudersberg) wurde in ihrem Kern um 1200 angelegt und wird 1239 erstmals urkundlich erwähnt. Von 1330-1919 wurde sie als landesfürstliches Gericht genutzt und war auch Wohnsitz des jeweiligen Pflegers und Richters. Da die Burg nie von einem Landesfürsten bewohnt wurde, ist auch immer nur das Nötigste zu ihrer Erhaltung getan worden; dadurch zeigt sich die Burg auch

heute noch im originalen mittelalterlichen Bauzustand. Die Burg gelangte 1980 in Privatbesitz und wurde mit denkmalpflegerischer Begleitung behutsam renoviert. Heute dienen die ehemaligen Stallungen als Schlossrestaurant. Die alten Arreste und die Gefängnisküche liegen ebenfalls im Erdgeschoss. In den oberen Stockwerken ist ein Museum über das Gerichtswesen und den Verkehr über den Reschenpass eingerichtet. Der 2. Stock wird auch für Veranstaltungen und Bildergalerien genutzt. Im gleichen Stockwerk befinden sich die Gerichtskanzlei und die Schlosskapelle sowie die Richterstube, in der heute auch standesamtliche Trauungen stattfinden (Öffnungszeiten: So und Feiertage: 11:00 Uhr; Mi: 17:00 Uhr; Di, Do, Fr: 16:30 Uhr).

Pfarrkirche St. Valentin

Am oberen Ende des Ortskerns steht die Valentinskirche, deren Vorgängerbauten seit der Christianisierung des Gebiets um 400 durch den heiligen Valentin hier gestanden haben sollen. Belegt ist eine Kirchenweihe aus dem 11. Jahrhundert, als das Gebäude vergrößert wurde. Die heutige Pfarrkirche stammt von 1509 und wurde später im barocken (18. Jahrhundert) und 1832 im neuromanischen Stil umgestaltet. Im Innenraum sind zwei spätgotische Schnitzaltäre aus dem 16. Jahrhundert erhalten geblieben. Diese Altäre sind zu Ehren der Rosenkranzkönigin und des hl. Michael vom einheimischen Maler Franz Stecher gestaltet worden. Das Hochaltarbild des Malers Karl von Blaas aus Nauders aus dem Jahre

1870 zeigt den Passauer Bischof Valentin. Im Jahre 2000 wurde die Kirche bzw. der Glockenturm renoviert (Öffnungszeiten: Mittwoch und Sonntag um 15:00 Uhr).

St. Leonhardskapelle

Romanischer Bau mit einräumigem, fast quadratischem Schiff und halbrunder Apsis. Entstehung um 1200. 1943-1951 Freilegung einer gotischen Ausmalung und darunterliegend eines romanischen Freskenzyklus. In der Apsis Christus in der Mandorla und Evangeliumssymbole, darunter Brustbilder der Zwölf Apostel aus dem 12. Jahrhundert. An der Triumphbogenwand und der nördlichen Schiffwand Malereien um 1500. Schlüssel sind im Haus nebenan bei Herrn Jennewein zu holen (täglich geöffnet).

Nützliche Adressen

Tourist-Info

Tourist-Info Nauders
Dr. Tschiggfrey Str. 66
6543 Nauders
Tel.: +43 54 73 87 220
E-Mail: office@nauders.info
www.nauders.com

Apotheke

Hausapotheke bei Dr. Öttl
Gemeindehaus
6543 Nauders
Tel.: +43 5473 87500

Bike-Shop

Auto & Bikesport Hutter
Bundesstr. 260
6543 Nauders
Tel.: +43 5473 87435
www.bikesport-hutter.at

Hotels

Hotel Post Nauders
Doktor-Tschiggfrey-Str. 37
6543 Nauders
Tel.: + 43 5473 87202-0
E-Mail: info@post-nauders.com
www.post-nauders.com

Hotel Hochland Nauders
Doktor-Tschiggfrey-Str. 183
6543 Nauders
Tel.: +43 5473 86222
E-Mail: hotel@hochland.at
www.hochland.at

Pension Alpenhof
Nauders 229
6543 Nauders
Tel.: +43 5473 87263
E-Mail: urlaub@alpenhof-nauders.at
www.alpenhof-nauders.at

Hotel Bergblick
Nauders 302
6543 Nauders
Tel.: +43 5473 87311
E-Mail: info@hotel-bergblick.at
www.hotel-bergblick.at

Alpin Art & Spa Hotel Naudererhof
Karl-Blaas-Gasse 160
6543 Nauders
Tel.: +43 5473 87704
E-Mail: info@naudererhof.at
www.naudererhof.at

Essen & Trinken

Restaurant-Café Alt Nauders
Dr.-Tschiggfrey-Str. 28
6543 Nauders
Tel.: +43 5473 87620
E-Mail: altnauders@aon.at

Restaurant Stadlwirt
Oberdorf 132
6543 Nauders
Tel.: +43 5473 87710
E-Mail: lutz@stadlwirt.at

Alpengasthof Norbertshöhe
Martinsbruckerstr. 223
6543 Nauders
Tel.: +43 5473 87241
E-Mail: norbertshoehe.hotel@tirol.com

Noch heute ist sie ein „Bollwerk" – die Festung Nauders.

Am Schwarzen See hat man einen guten Blick aufs Dreiländereck.

3 Auf die Sonnenseite der Alpen – von Nauders nach Meran

 **Panorama**
○○○○○○

 **Höhenunterschied**
ca. 300 hm

 **Tourlänge**
ca. 90 km

Ausgangs-/Endpunkt: Nauders (ca. 1360 m)/Meran (ca. 310 m)

Ausdauer: Für die Variante durch die Uina-Schlucht sind eine sehr gute Kondition und Kraft erforderlich; Schiebe-/Tragepasse über ca. 300 hm *(Variante 1)*.

Fahrtechnik: Für die Trailabfahrt vom Plamorter Boden *(Variante 2)* sowie für die Trails von der Norbertshöhe hinab nach Martina sowie die Schotterabfahrt von der Sesvenna-Hütte *(Variante 1)* sind eine sehr gute Bikebeherrschung

und fortgeschrittene Fahrtechnik-kenntnisse notwendig; ggf. einige Schiebepassagen.

Wegbeschaffenheit: *Basisroute* fast ausschließlich auf Asphalt (Radroute nach Meran); *Varianten* meist auf Forst- und Schotterwegen sowie gut fahrbaren Trails; ggf. kurze Schiebe-/Tragepassage auf den Trailabfahrten *(Variante 1/2)*

höchster Punkt: Reschenpass (ca. 1520 m)/Plamorter Boden (ca. 2050 m)/ Schlingapass (ca. 2300 m)

Varianten:
1 Uina-Schlucht (ca. 1350 hm; ca. 43 km);
2 Plamort (ca. 650 hm; ca. 13 km);
3 Morter Waalweg (ca. 200 hm, ca. 11 km)

Einkehrtipps: diverse Cafés/Eis-dielen in Glurns und Laas, Restaurant am Fischteich bei Kortsch; *Variante 1:* Uina Dadaint, Sesvenna-Hütte; *Variante 2:* Lärchenalm

Kartentipps: Kompass 52 – Vinschgau; Kompass 53 – Meran und Umgebung

Unsere dritte Alpencross-Etappe führt uns auf die Sonnenseite der Alpen nach Italien. Ob über den Reschenpass oder durch die Uina-Schlucht – schon bald werden wir das mediterrane Flair des Vinschgau riechen, schmecken und fühlen.

Ein unvergessliches Erlebnis – der Weg durch die Galerien.

Zu Beginn unserer dritten Etappe müssen wir uns gleich entscheiden: Wollen wir auf schnellstem Weg über den Reschenpass ins sonnige Italien oder wählen wir die Variante durch die Uina-Schlucht (Variante 1)?

Beides hat seinen Reiz. Die Basisroute führt uns geradewegs über den Reschenpass ins Vinschgau. Von Nauders (ca. 1360 m) in Tirol sind nur noch rund 150 hm zu überwinden, bis wir den türkisblauen Reschensee vor uns funkeln sehen – wir sind in Italien!

Wer sich für den Weg durch die berühmt-berüchtigte Uina-Schlucht entscheidet, fährt zunächst auf Trails, die es stellenweise in sich haben, aber Fahrspaß garantieren, von der Norbertshöhe wieder hinab nach Martina und weiter am Inn entlang auf schöner Piste ins Engadin bis Sur En (ca. 1130 m). Jetzt geht es in die Schlucht und stets bergauf – bis zum Schlingapass, dem höchsten Punkt dieser Route (ca. 2300 m), sind rund 1200 hm am Stück zu bewältigen. Der Weg durch die Schlucht hat einige steile Rampen aufzuweisen, ist aber bis zu den berühmten Galerien (auf ca. 1900 m) gut fahrbar.

Von dort an heißt es für die nächsten ca. 300 hm: „Die Räder tragen oder stoßen!"

Am Ende der Galerien öffnet sich die Schlucht und die Sesvenna-Hochebene breitet sich vor uns aus. Wer hier oben steht und dieses unvergleichliche, hochalpine Panorama vor Augen hat, der ist sich sicher: Die Anstrengung durch die Schlucht hat sich gelohnt!

Auf kleinen Pfaden geht es nun über den Schlingapass nach Italien. Und das muss natürlich mit einem Cappuccino auf der Terrasse der Sesvenna-Hütte gebührend gefeiert werden, bevor wir uns in einem rasanten Downhill hinab ins

Dieses Schild zu Beginn der Schiebestrecke hat mittlerweile Kultcharakter.

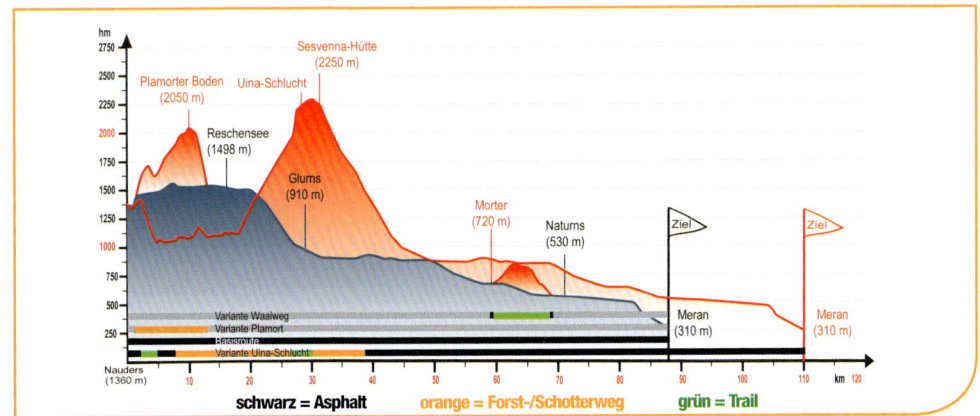

schwarz = Asphalt   **orange = Forst-/Schotterweg**   **grün = Trail**

Graun am Reschensee

Die Reste des „alten" Ortes Graun befinden sich heute auf dem Grund des Reschensees. Der Stausee wurde zwischen 1948 und 1950 zur Stromerzeugung angelegt. Die Bevölkerung wurde umgesiedelt und der Ort am östlichen Talrand neu aufgebaut. Alle Gebäude Alt-Grauns wurden – bis auf den denkmalgeschützten Kirchturm „San Pietro" – geschleift. Dieser ragt noch heute aus den türkisblauen Fluten des Reschensees empor und erinnert daran, dass Graun einst zugunsten der Stromerzeugung geopfert wurde.

Auf kleinen Pfaden geht es über die Sesvenna-Ebene zum Schlingapass.

Rund 65 Kilometer bis nach Meran vor uns. Aber zum Glück geht es jetzt nur noch bergab. Achtung: Diese Variante ist nur bei stabiler Wetterlage fahrbar – keinesfalls bei hoher Gewitterneigung wählen!

Auch wer sich für den vergleichsweise einfachen Übergang auf die Südseite der Alpen über den Reschen entschieden hat, kann, bevor es nach Italien geht, noch ein Highlight einbauen – den Plamorter Boden (Variante 2).

Rund 650 hm geht es hinauf, bis wir den Plamorter Boden mit den berühmten Panzersperren aus der Zeit des Zweiten Weltkriegs erreichen. Wir passieren die Grenze nach Italien und schlängeln uns durch die Betonpfeiler. Es empfiehlt sich den Rundkurs um die Plamorter Spitze (2083 m) an den alten Bunkeranlagen mitzunehmen, denn diese Zeitzeugen sind wirklich sehenswert und haben einiges zu erzählen. Schließlich geht es auf einem technisch stellenweise anspruchsvollen Trail, der – je nach Fahrkönnen – die eine oder andere Schiebepassage bereithält, direkt hinab nach Reschen. Wem dieser Trail zu anspruchsvoll sein sollte, kann auch den ausgewiesenen Fahrweg nach Reschen auf guter Schotterpiste wählen. Unten angekommen treffen wir wieder auf den Radweg am Seeufer.

Weiter folgen wir nun stets der Radroute und schon bald taucht der versunkene Kirchturm von Graun vor uns auf. Hier sollte man keinesfalls versäumen, das obligatorische Foto zu schießen. Denn auch dieser Ort hat seine ganz eigene Geschichte zu erzählen.

Wenn das Wetter gut ist und uns weder Nebel noch Wolken die Sicht

Vinschgau stürzen und bei Schleis wieder auf den Radweg nach Meran stoßen. Jetzt heißt es Gas geben, denn es liegen noch

SEHENSWÜRDIGKEITEN

Waalwege

Waale sind schmale Wasserkanäle, die der Bewässerung landwirtschaftlicher Flächen dienen. In Südtirol und im Vinschgau sind dies vor allem die Apfelplantagen. Dieses Bewässerungssystem wurde entwickelt, um mangelnde Niederschläge wettzumachen. Besonders im Südtiroler Vinschgau sind die Niederschlagsmengen wegen der geografischen Lage so gering, dass die Landwirtschaft seit jeher auf diese künstliche Bewässerung angewiesen ist. Aus diesem Grund entstand hier eines der ausgedehntesten Bewässerungssysteme in den Alpen. Entlang der Waale legten die sogenannten Waalmeister oder Waaler Wege an, die zur Wartung der Kanäle genutzt wurden. Heute dienen die Waalwege v. a. als Wanderwege. Für Radfahrer sind viele leider gesperrt.

rauben, können wir am Horizont den Ortler mit seinen drei charakteristischen Graten erkennen. Diesen stets vor Augen geht es weiter, vorbei am Lago di San Valentino, hinab ins Vinschgau. Auf schneller Asphaltroute verlieren wir in rasanter Fahrt schnell Höhenmeter. Mit jedem Meter, den wir auf der Radroute gen Meran hinabsausen, wird es wärmer. War es oben am Reschensee noch windig und die Bergluft rau und frisch, wird das Klima nun zunehmend milder und mediterraner. Wir können Bella Italia quasi riechen und fühlen! Wir lassen die kleinen Ortschaften Burgeis und Schleis hinter uns und sehen schon bald die Türme und Mauern der mittelalterlichen Stadt Glurns

Immer eine Pause wert – das malerische Städtchen Glurns.

Imposante Zeitzeugen – die Panzersperren auf dem Plamorter Boden.

Durch einen Laubengang geht es zum Meraner Stuhl.

Die Passerpromenade in Meran lädt zum Spazieren und Träumen ein.

vor uns auftauchen. Jetzt ist es definitiv Zeit für ein Eis oder einen Cappuccino auf dem Marktplatz der malerischen Altstadt.

Nachdem wir uns gestärkt haben, radeln wir weiter entspannt auf dem Radweg dahin und sehen bald die ersten Apfelplantagen, die Wahrzeichen des Vinschgau neben uns. An Plantagen und Fischerteichen vorbei rollen wir auf Prad zu – das Stilfser Joch mit seinem immer weißen Gletscher fest im Blick. Nachdem wir den Naturpark Stilfser Joch mit seinen Fischteichen hinter uns gelassen haben,

heißt es nun endgültig: Apfelplantagen soweit das Auge reicht.

Kurz vor der kleinen Ortschaft Morter haben wir die Möglichkeit, die Basisroute noch einmal zu verlassen und noch einen Abstecher auf einen der für das Vinschgau so charakteristischen Waalwege zu unternehmen (Variante 3). Bei diesem kleinen, aber feinen Abstecher in die Hügel über Morter erleben wir nicht nur tolle Trails, sondern genießen auch fantastische Tiefblicke ins Etschtal, bis wir bei Latsch wieder auf den Etschtalradweg stoßen.

Jetzt heißt es, die letzen Kilometer bis zum Ziel an der Etsch zu genießen. Durch die Ortschaften Kastelbell, Naturns und Plaus rollen wir zügig auf Meran zu. Kurz vor Naturns haben wir noch die Möglichkeit, das Schloss Juval, Museum und Wohnsitz Reinhold Messners, zu bestaunen und evtl. sogar einen Abstecher einzubauen. Der Weg zum Schloss ist vom Radweg aus gut und eindeutig beschildert.

Schon bald erreichen wir den sogenannten Meraner Stuhl bei Algund – ein Aussichtsplateau, von dem aus man einen herrlichen Blick über Meran hat. Durch einen Laubengang rollen wir vor bis zum „Stuhl" und lassen es uns natürlich nicht nehmen, diesen Moment durch ein Foto zu verewigen. Noch rund fünf Kilometer und 200 hm bergab liegen vor uns und wir haben unser Etappenziel erreicht. Wir lassen es uns natürlich nicht nehmen, den Abend gemütlich in der Laubengasse und auf der Passerpromenade ausklingen zu lassen. Denn Meran, die heimliche Hauptstadt Südtirols, hat wirklich einiges zu bieten.

Etappenorte

Glurns

Das beschauliche Städtchen Glurns hat gerade mal 900 Einwohner aufzuweisen. Dennoch ist es eine von nur insgesamt acht Städten in Südtirol. Ein besonderes Merkmal der kleinen Stadt ist die vollständig erhaltene mittelalterliche Stadtmauer.

Die Gründung durch den Tiroler Landesfürsten Meinhard II. liegt bereits mehr als 700 Jahre zurück, so ist Glurns nicht nur die kleinste, sondern zugleich älteste Stadt Südtirols. Diese Beschaulichkeit und das mittelalterliche Flair verleihen der Stadt einen ganz besonderen Charme. Auch seinen ländlichen Charakter hat das Städtchen bis heute nicht verloren. Auf dem alten Marktplatz herrscht oft reges Treiben, wenn die Händler lautstark ihre Waren anpreisen.

Seinen Stellenwert verdankt Glurns ursprünglich seinem Marktrecht und seiner geografischen Lage. Glurns war von jeher wichtiger Handelsknotenpunkt im Alpenraum. Die bekannte Via Claudia Augusta führte hier vorbei und auch der Reschenpass nach Nordtirol, der Ofenpass in die Schweiz und das Stilfser Joch sind von hier aus schnell zu erreichen. Seit den 70er-Jahren lockt das Städtchen mehr und mehr Besucher an, die sich für seine Geschichte interessieren, Erholung suchen oder die traumhafte Umgebung für Wanderungen und Bike-Touren nutzen wollen.

Nützliche Adressen

Tourist-Info

Touristinfo Glurns
Rathausplatz 1
39020 Glurns
Tel.: +39 04 73 83 10 97
E-Mail: info@glurns.net
www.glurns.net

Apotheke

Die nächste Apotheke ist in Prad, ca. 9 km von Glurns entfernt.

An der Fischerhütte bei Kortsch lohnt es sich anzuhalten.

Apotheke Dr. Köfler
Kreuzweg 2a
39026 Prad am Stilfserjoch
Tel.: +39 0473 616144

Bike-Shops
In Glurns selbst befindet sich kein Bike-Shop. Aber ca. 9 km weiter – ebenfalls direkt an der Route – gibt es zwei Fahrradläden.

Baldi Sport
Reutweg 19
39026 Prad
Tel.: +39 0473 617071

2-Rad Ortler
Gewerbezone 136
39026 Prad
Tel.: +39 0473 616495

Essen & Trinken
Restaurant Pizzeria Erika
Florastr. 39
39020 Glurns
Tel.: +39 0473 835262

Café Konditorei Eisdiele Riedl
Malser Str. 9
39020 Glurns
Tel.: +39 0473 831348

Stadtcafé
Florastr. 8
39020 Glurns
Tel.: +39 0473 830033

Würstelstand Gerlinde Bayer
Etschdammweg
39020 Glurns
Tel.: +39 0473 830201

Hotel Restaurant Grüner Baum
Stadtplatz 7
39020 Glurns
Tel.: +39 0473 831206

Meran

Die traditionsreiche Kurstadt Meran zeichnet sich vor allem durch das milde und mediterrane Klima aus. Nirgendwo in den Alpen gibt es im Jahresdurchschnitt weniger Niederschlag und mehr Sonnentage. Bekannt ist auch der „Vinschger Wind", der durch das Tal weht. Je nach Temperaturschwankungen im Tages- und Jahresverlauf müssen Biker schon mal mit Fallwinden und damit mit strammem Gegenwind im Tal rechnen.

Mild und mediterran wird es, sobald wir über die Talstufe der Töll das Etschtal erreichen. Meran wird durch die hohen Berge vor den kalten Nordwinden geschützt. Die zweitgrößte Stadt Südtirols liegt in einem weiten, sonnigen Talkessel, der sich nach Süden hin öffnet.

Meran ist seit jeher ein beliebter Erholungsort. Dass sich die Menschen hier schon vor vielen Jahrhunderten gerne niederließen, bezeugen die vielen Burgen und herrschaftlichen Anwesen.

Der Aufstieg zur weltberühmten Kurstadt begann in der zweiten Hälfte des 19. Jahrhunderts als ein Wiener Arzt, Dr. Josef Huber, einen Aufsatz über den Heilwert des Klimas und der Trauben in Meran veröffentlichte. Die älteste Kurstadt Südtirols war geboren und von nun an gab sich die feine Gesellschaft die Klinke in die Hand, Meran stieg auf zu einer kosmopolitischen Edelstadt: Neue Ansitze, Schlösser und prunkvolle Hotels wurden gebaut, Spazierwege und Promenaden, wie der berühmte Tappeiner-Weg vorbei an Kakteen und anderen exotischen Gewächsen erschlossen. Spätestens seit den Besuchen der

Kaiserin Sissi war der Aufstieg zur Tourismushochburg nicht mehr aufzuhalten. So gilt Meran bis heute als der bedeutendste Kurort an der Südseite der Alpen.

In den letzten 30 Jahren wurde Meran rundum erneuert, die berühmte Therme renoviert und umgebaut, einige der prunkvollen Hotels von anno dazumal wieder hergerichtet, die Gärten von Schloss Trautmannsdorf ausgebaut zu den schönsten Gartenanlagen Italiens mit Pflanzen und Blumen aus aller Herren Länder.

Die mondäne Stadt bietet ein ganz besonderes Flair und eine reiche Infrastruktur, um einen aktiven Tag im Sattel auf angenehme Art abklingen zu lassen: Biker- und Wellness-Hotels aller Preisklassen, Restaurants und Bars für jeden Geschmack sowie eine Vielzahl an Läden und Boutiquen.

Mittelalterliche Gassen, Stadttore und Stadtmauern, elegante Villen im Jugendstil, Kirchen und sakrale Bauten, Gärten und Parkanlagen in unterschiedlichsten Stilarten: das ist die Altstadt von Meran. Die mittelalterliche Altstadt umfasst die Laubengasse, die den Kornplatz mit dem Pfarrplatz verbindet, das Steinachviertel, die Leonardo-da-Vinci-Straße, den Rennweg und die drei noch erhaltenen Stadttore. Von den vier Stadttoren, die einst den Zugang in die Stadt ermöglichten, sind das Passeirer, Bozner und Vinschger Tor erhalten. Beim Passeirer Tor sind noch Reste der alten Stadtmauer zu sehen. Das Bozner Turm-Tor mit seinem steilen Dach zieren Relief-Wappen von Österreich, Tirol und Meran. Zum Stadtkern, großteils Fußgängerzone, gehören heute auch die Freiheitsstraße, der Thea-

Auch das Meraner Umland ist eine Reise wert.

ter- und Sandplatz und die Post- und Theaterbrücke.

Laubengasse/Kornplatz

Die Laubengasse ist ein alter, sehr gepflegter Stadtteil von Meran. Sie wurde im 13. Jahrhundert von Meinhard II., Graf von Tirol, erbaut. Sie besteht aus einer zweireihigen „Häuserflut" mit niedrigen Laubengängen. Diese beginnt am Pfarrplatz und endet nach ca. 400 Metern am Kornplatz. Ihre verwinkelten Hinterhöfe und die verwinkelten Treppenaufgänge sind ineinander verschachtelt und durch finstere Durchgänge verbunden. Die Fassaden aus verschiedenen Stilepochen sind von zierlichen Erkern und zahlreichen Torbögen geschmückt. Schon im Mittelalter war die Laubengasse die „Lebensader" der Meraner Geschäftsleute. Im Gebäude der heutigen Buchhandlung Pötzelberger, am oberen Ende der Lauben, befand sich zwischen dem 13. und dem 14. Jahrhundert die Münzstätte: Motor des Handels der gesamten Grafschaft Tirol.

Auch heute noch ist die Laubengasse die Hauptgeschäftsstraße Merans. Am unteren Ende der Laubengasse liegt der Kornplatz, der einstige Markt- und Lagerplatz.

Stadtviertel Steinach

Zwischen der Pfarrkirche, dem Passeirer Tor und dem rechten Passeirufer liegt dieser malerische Stadtteil, der zu Zeiten der Grafen von Tirol Stadtkern war. Im 13. Jahrhundert wurde hier mit dem Stadtbau begonnen. Viele der gut erhaltenen Bauten erinnern noch heute an den ursprünglichen Charakter der Stadt, besonders in der Nähe der „Santer Klause" beim Passeirer Tor. Der Steinerne Steg (irrtümlich oft „Römerbrücke" genannt), im 17. Jahrhundert an Stelle eines Holzstegs errichtet, verbindet Steinach und damit die Altstadt mit der Gilfpromenade und mit dem Stadtteil Obermais. Dies ist die älteste Brücke über die Passer.

Pferderennplatz

Er zählt zu den schönsten und größten Pferdesportanlagen Europas und wurde im Jahre 1935 auf einem 40 Hektar großen Areal nach nur einjähriger Bauzeit eröffnet. Die Tribünen bieten Platz für 15000 Personen. Noch heute werden hier internationale Pferderennen ausgetragen. Höhepunkt der Rennsaison bilden das Haflinger Galoppreiten am Ostermontag und der große Preis von Meran, ein hochdotiertes Hindernisrennen am letzten Sonntag im September.

Kurhaus

Das kuppelgekrönte Gebäude mit dem im Jahre 1914 eröffneten Kursaal zählt zu den schönsten Jugendstilbauten des Alpenraumes. Das Kurhaus wurde von dem Wiener Architekten Friedrich Ohmann entworfen. Das mitten im Stadtzentrum gelegene Haus wurde aufwendig und stilgerecht renoviert. Die Nordfassade flankiert die Freiheitsstraße, die Südfassade schaut auf die Kurpromenade. Heute ist das Haus Sitz der Kurverwaltung sowie Kongress- und Veranstaltungszentrum.

Therme Meran

Die Therme bietet Badespaß mit 25 Pools und einem vielfältigen Kur-, Wellness- und Fitnessangebot. Die im Dezember 2005 eröffnete Anlage wird aus tiefen, heißen Thermalquellen gespeist. Saunafreunde kommen in einer finnischen Blockhaussauna, drei Dampfbädern, einem Sanarium und einem Caldarium voll auf ihre Kosten. Entworfen hat die Therme der aus Bozen stammende Stararchitekt Matteo Thun (geöffnet täglich von 9:00 bis 22:00 Uhr).

Als grünes Herz der Therme bietet der 50000 m² große Thermenpark mit Palmen- und Rosengarten, Pools, Sport- und Liegewiesen Erholung und Entspannung (zwischen 15. Mai und Ende September täglich von 9:00 bis 20:00 Uhr geöffnet). Weitere Informationen unter: www.thermemeran.it

Nützliche Adressen

Tourist-Info

Touristinfo Meran
Freiheitsstr. 45
39012 Meran
Tel.: +39 0473 272000
www.meran.eu

Das Kurhaus spiegelt den Glanz vergangener Zeiten wider.

Schloss Trautmannsdorf bei Meran.

Madonna
Freiheitsstr. 123
39012 Meran
Tel.: +39 0473 449552

Zentral
Mühlgraben 6
39012 Meran
Tel.: +39 0473 236826

Bike-Shop
Bike Point GmbH
Lauben 337
39012 Meran
Tel.: +39 0473 23 77 33
E-Mail: bikepoint@dnet.it

Essen & Trinken
Restaurant Bistro Sieben
Lauben 232
39012 Meran
Tel.: +39 0473 210636

Lemongrass
Dantestr. 79
39012 Meran
Tel.: +39 0473 490770

Restaurant Hellweger's
Pfarrplatz 30
39012 Meran
Tel.: +39 0473 212581

Restaurant Kallmünz
Sandplatz 12
39012 Meran
Tel.: +39 0473 212 917

Rossini Cocktailbar Café
Freiheitsstr. 19
39012 Meran
Tel.: +39 0473 491085

Hotels
Hotel Residence Flora
Via XXX Aprile 2
39012 Meran

Tel.: +39 0473 448 335
E-Mail: info@merano-flora.it
www.merano-flora.it

City Hotel Merano
Meinhardstr. 41
39012 Meran
Tel.: +39 0473 492550
E-Mail: info@cityhotel-merano.it
www.cityhotel-merano.it

Sporthotel Muchele
Maiergasse 1
39014 Burgstall bei Meran
Tel.: +39 0473 29 11 35
E-Mail: info@muchele.com
www.muchele.com

Schulerhof
Gröbenweg 6
39025 Plaus/Naturns bei Meran
Tel.: +39 0473 660096
E-Mail: info@schulerhof.it
www.schulerhof.it

4 Äpfel, wohin man schaut – von Meran nach Cles

Panorama ○○○○○○

Höhenunterschied ca. 1450 hm

Tourlänge ca. 53 km

Ausgangs-/Endpunkt: Meran (ca. 310 m)/Cles (ca. 650 m)

Ausdauer: Für die Auffahrt zum Gampenpass ist – egal auf welcher Route – eine gute Konditionen erforderlich.

Fahrtechnik: Auf dieser Etappe sind alle Trails auch für Anfänger gut zu bewältigen; keine besonderen Schwierigkeiten/Herausforderungen.

Wegbeschaffenheit: *Basisroute* recht hoher Asphaltanteil; hinauf zum Gampenpass gut fahrbare Forststraßen; *Varianten* z. T. auf grobschottriger Piste *(Variante 1)* sowie schönen Trails und Forstwegen ins Val di Von *(Variante 2)*

höchster Punkt: Gampenpass (1518 m)

Varianten:
1 Mühlenweg (ca. 1100 hm; ca. 16 km);

2 Wasserfallweg (ca. 450 hm; ca. 32 km)

Einkehrtipps: Gasthof Völlaner Badl; Gasthof Alpenrose; Kiosk „Gampenalm" am Gampenpass; Rifugio Arnika; *Variante 2:* Gasthof zum Hirschen; Albergo Lago Smeraldo

Kartentipps: Kompass 53 – Meran und Umgebung; Kompass 95 – Valle di Non/Nonstal

An unserem vierten Alpencrosstag verlassen wir das Vinschgau und damit Südtirol und biken über den Gampenpass ins Val di Non – in die Heimat von „Melinda" und „Golden" und „Red Delicious". Doch zunächst geht es erst mal ordentlich bergauf …

Beeindruckende Tiefblicke ins Etschtal – dafür lohnt es, ab und an anzuhalten.

Zwischen Vinschgau und Val di Non liegt der Gampenpass. Er trennt aber nicht nur diese beiden Apfelanbaugebiete voneinander, sondern auch die Provinzen Südtirol und Trentino. Während man bisher immer und überall deutsch sprechen konnte und auch verstanden wurde, sollte man jetzt seine Italienischkenntnisse auspacken. Doch bevor wir uns über unsere Fremdsprachenkenntnisse Gedanken zu machen brauchen, heißt es zunächst, den „Passo Palade", den Gampenpass, zu überwinden.

Doch bevor es in den Anstieg geht, rollen wir uns ganz gemütlich etwa 10 Kilometer von Meran bis Lana ein. Egal, ob wir die Basisroute über Völlan wählen oder die Auffahrt über den Mühlenweg in Angriff nehmen – es liegen rund 1200 hm vor uns, die es am Stück zu bezwingen gilt.

Wählen wir die Basisroute, müssen wir uns hinter Lana gleich der ersten Herausforderung stellen – den teils sehr steilen Asphaltrampen (bis zu 25 Prozent Steigung) hinauf nach Völlan. Doch wir werden bei dieser Auffahrt durch ein-

Lago di Santa Giustina

Der Lago di Santa Giustina ist der größte Stausee der Region und liegt in der Nähe von Cles, dem Hauptort des Val di Non. Es handelt sich um einen künstlich angelegten See, der zusammen mit dem gewaltigen Staudamm in den Jahren 1943 bis 1951 geschaffen wurde. Er sammelt das Wasser des Flusses Noce und dient der Energiegewinnung. Der riesige See – er fasst 182 Mio. m³ Wasser – passt sich, obwohl er künstlichen Ursprungs ist, perfekt in seine Umgebung ein und ist schon lange zu einem Wahrzeichen des Val di Non geworden.

drucksvolle Tiefblicke ins Etschtal auf der einen und malerische kleine Weiler am Wegesrand auf der anderen Seite entlohnt, deren Blumenpracht für so manche Anstrengung entschädigt.

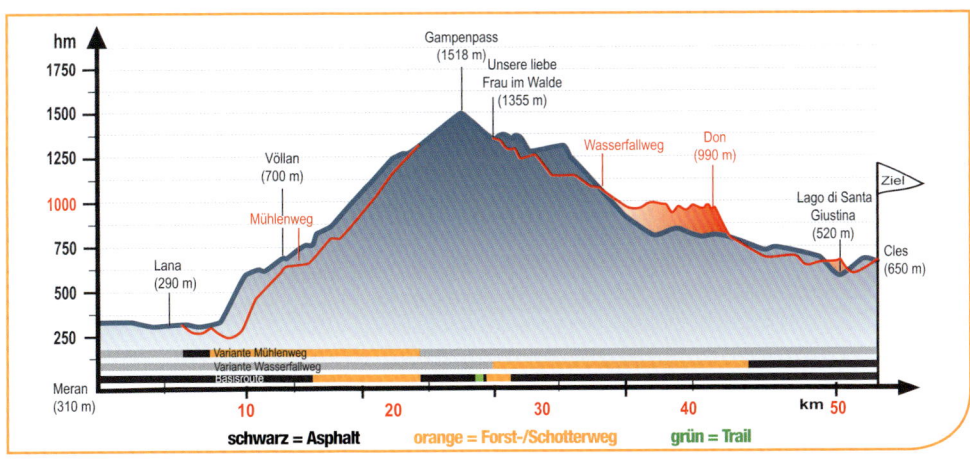

schwarz = Asphalt   orange = Forst-/Schotterweg   grün = Trail

Da es im Sommer auf dieser Asphaltauffahrt sehr heiß wird, ist man gut beraten, zeitig in Meran aufzubrechen und auch genügend Wasser dabei zu haben. Denn Nachfüllen kann man erst wieder in Völlan.

Blumenpracht am Wegesrand hinauf nach Völlan.

Wenn wir dieses Schild sehen, haben wir es geschafft!

Ab Völlan geht es dann stets durch den Wald auf guter und weniger steiler Piste vorbei am traditionsreichen Gasthof Völlaner Badl (ca. 820 m) immer bergauf, bis man beim Gasthof Alpenrose (ca. 1300 m) auf die Gampenpassstraße stößt. Auch auf diesem Stück der Auffahrt lohnt es sich, ab und an den Blick zurück ins Etschtal gleiten zu lassen.

Die letzten 220 hm müssen wir auf dieser Fahrstraße zurücklegen, hierzu gibt es leider keine Alternative. Da die Passstraße aber in der Regel wenig befahren und die zurückzulegende Strecke kurz ist (ca. 4 km), lässt sich dieses Wegstück gut und schnell bewältigen. Zu beachten ist hier, dass man für die beiden Tunnel auf der Strecke sowohl eine Warnweste dabei haben sollte als auch Fahrradbeleuchtung. Denn beides ist in Italien Pflicht.

Wer die Auffahrt mit weniger Asphalt bestreiten möchte, dem sei zum Mühlenweg geraten (Variante 1). Man sollte sich aber bewusst sein, dass man hier auf kürzerer Strecke die gleichen Höhenmeter zurückzulegen hat und dies teilweise auf recht losem Schotter. Aber der idyllische Weg entlang des kleinen Baches ist die Anstrengung auf alle Fälle wert und darüber hinaus verspricht das kühle Nass im Sommer Kühlung. Wenn wir uns für diese Variante entscheiden, treffen wir ebenfalls beim Gasthof Alpenrose auf die Fahrstraße und legen die letzten Kilo- und Höhenmeter auf dieser zurück, bis wir endlich das Schild vor uns sehen, das uns die Passhöhe anzeigt (1518 m).

Bevor wir kurz nach der Passhöhe auf den sogenannten Schöpfungsweg abbiegen und vorbei an zahlreichen Artefakten – am Ende wartet sogar ein Plastikdinosaurier auf uns – auf einem schönen Trail gen Tal biken, bietet sich eine Pause im Kiosk „Gampenalm" an.

Wenn wir die Kirche im kleinen Ort „Unsere liebe Frau im Walde" erreicht haben, müssen wir uns

entscheiden, ob wir, vorbei am malerischen Rifugio Arnika, auf Speed-Asphalt durch zahlreiche verschlafene Dörfchen durchs Val di Non gen Cles rollen wollen – und abgesehen von zwei kleinen Gegenanstiegen – keine nennenswerten Höhenmeter mehr auf uns nehmen wollen oder den sogenannten Wasserfallweg wählen. Im zweiten Fall nehmen wir auf schöner Piste mit tollen Ausblicken auf die dieser Route ihren Namen gebenden Wasserfälle in stetem Auf und Ab noch den einen oder anderen Höhenmeter mit (Variante 2).

Egal, für welche Route wir uns entscheiden, treffen wir kurz vor unserem Etappenziel Cles, dem Hauptort des Val di Non, auf den tiefblauen Stausee Lago di Santa Giustina.

Jetzt haben wir unser Ziel fast erreicht. Denn nur noch ein kurzer Anstieg von der Brücke, die über den See führt, hinauf in den Ort trennt uns von unserem Etappenziel.

Auf dem Weg zum Gampenpass hat man einen tollen Blick zurück ins Vinschgau.

Vor allem im Frühsommer präsentiert sich das Vinschgau von seiner lieblichen Seite.

Cles/Val di Non

Cles ist der Hauptort des Val di Non (Nonstal). Die kleine Ortschaft liegt auf einer Meereshöhe von 650 m am Westufer des Stausees Santa Giustina und zählt ca. 6500 Einwohner.

Das Val di Non breitet sich von Mezzocorona im Etschtal entlang des Flusses Noce bis zum See von Santa Giustina bei Cles aus und folgt dem Rio Novella bis zum Dorf St. Felix. Diese kleine Ortschaft befindet sich bereits in der Provinz Bozen und wird, im Gegensatz zum Nonstal, von einer deutschsprachig geprägten Bevölkerung bewohnt.

Das Nonstal ist eines der größten Obstanbaugebiete Norditaliens, aber auch wegen seiner zahlreichen Seen bekannt, wie dem Stausee Santa Giustina, dem Felixer Weiher oder dem Tovel See. Letzterer war für ein weltweit einzigartiges Phänomen bekannt: Eine Alge, die zu einer bestimmten Zeit im Jahr wuchs, färbte dabei den See tief rot. Fortschreitende Umweltverschmutzung machte der Alge jedoch den Garaus.

Besonders schön ist das Landschaftsbild im Frühling: Von ca. Ende April bis Mitte Mai gibt es hier rosarote und weiße Apfelblüten soweit das Auge reicht. Das Konsortium Melinda mit seinen über 5000 Mitgliedern produziert im Jahr über 300 000 Tonnen Äpfel: Golden Delicious, Red Delicious und Renetta Canada sind die typischen Apfelsorten dieses Gebietes.

Pfarrkirche dell'Assunta

Bernhard von Cles, der erste einheimische Fürstbischof von Trient, ließ die Kirche Anfang des 16. Jahrhunderts im Stil der gotischen Renaissance umbauen. Die Gemälde in der Kirche stammen aus dem 17. bis 18. Jahrhundert. Im Inneren der Pfarrkirche beeindruckt das Netzwerk des Gewölbes und an der Mauer des Kirchenschiffes rechts kann man den Grabstein von Giorgio Clés aus dem Jahre 1490 besichtigen.

Palazzo Assessorile

Der Palazzo Assessorile, in dem heute das Rathaus untergebracht ist, war während seiner wechselvollen Geschichte der Wohnsitz der mächtigen Herren von Clès, die im 16. Jahrhundert den ursprünglichen und mit Türmen versehenen Bau erweiterten und ihn innen und außen mit Fresken versehen ließen. Erste Angaben über den Palazzo stammen aus dem Jahre 1356. Über dem gotischen Portal prangt ein großes Fresko-

Cles, die kleine Stadt in der Nähe des Lago di Santa Giustina, ist der Hauptort des Val di Non.

Ob im Vinschgau oder im Nonstal: Apfelplantagen säumen unseren Weg.

Wappen der Adelsfamilie. Die Fassade wird gegliedert von vier schönen Doppelbogenfenstern, unter denen sich, neben dem gotischen Spitzbogenportal, eine Kopie der berühmten Clesianischen Tafel (Tavola Clesiana) befindet. Hierbei handelt es sich um ein wichtiges Dokument aus der Römerzeit. Von den Herren von Thun 1622 erworben, wurde der Palazzo später zum Teil der Gemeinde und zum Teil der Bischöflichen Mensa überlassen. Er wurde auf diese Weise als Repräsentanzsitz der bischöflichen Regierung und als Sitz des Referenten des Nonstal und des Valle di Sole benutzt. Nach der Säkularisierung des Fürstentums (1802) wurde der obere Stock, der durch kleine vergitterte Fenster gekenn-

zeichnet ist, in ein Gefängnis umgewandelt. Interessant ist der Gerichtsaal (jetzt Ratszimmer), der mit Fresken bemalt ist, die Wappen, mythologische Themen und Blumenmotive darstellen. Von der Holzdecke ist ein mit allegorischen Szenen geschmückter Hauptbalken übrig geblieben.

Nützliche Adressen

Tourist-Info

Es gibt in Cles zwar keine Tourist-Info, aber die Region unterhält ein sehr informatives Internetportal: Dolomiti di Brenta Bike. Es handelt sich um ein Portal für alle Biker, die im Gebiet rund um die Brenta (Val di Non, Val di Sole, Val Rendena sowie deren Nebentäler) Urlaub machen. Es bietet neben einer großen Aus-

wahl an Bike-Touren auch ein Verzeichnis von Dienstleistungen, die das Biker-Leben einfacher machen: Bike-Services, Taxi, Transporte, Lebensmittelgeschäfte, Bars und Restaurants, Pubs und Unterhaltung, Internet-Cafés, Banken und Postämter, Gesundheitswesen und aktuelle Wetterberichte. Alle Infos unter: www.dolomitibrentabike.it

Apotheke

Farmacia Diemme Farma
Via Carlo Antonio Pilati 13
38023 Cles
Tel.: +39 0463421146

Bike-Shops

Dallago Sport
Via Trento 164/2
38023 Cles
Tel.: +39 0463 424 400

Fondriest Cicli
Via Trento 134
38023 Cles
Tel.: +39 0463 424 545

Essen & Trinken
Pizzaria Ristorante Giardino
Via Pilati 16
38023 Cles
Tel.: +39 0463 422709

Ristorantino Pizzeria Flamingo di Omodei
Via Romana 1
38023 Cles
Tel.: +39 0463 421105

Pizzaria Punto Verde
Via San Vito 20
38023 Cles
Tel.: +39 0463 422700

Hotels
Casa Redolfi Bed & Breakfast
Via Tiberio Claudio 8
38023 Cles
Tel.: +39 0463 422548
E-Mail: info@casaredolfi.it
www.casaredolfi.it

Albergo Cles
Piazza Navarrino 7
38023 Cles
Tel.: + 39 0463 421 300
E-Mail: info@albergocles.com
www.hotelcles.com

Antica Trattoria
Via Roma 13
38023 Cles
Tel.: +39 0463421631
E-Mail: info@anticatrattoriacles.it
www.anticatrattoriacles.it

Al Cermolo Agriturismo
Via Friena 11
38023 Cles
Tel.: +39 0463 600207
E-Mail: info@agriturismo
alcermolo.it
www.agriturismoalcermolo.it

Auf den Wegen durch die Obstplantagen trifft man viele Biker.

5 Auf den Spuren des Bären durch die Brenta – von Cles nach Riva del Garda

Panorama
○○○○○

Höhenunterschied
ca. 1300 hm

Tourlänge
ca. 86 km

Ausgangs-/Endpunkt: Cles (ca. 650 m)/Riva del Garda (ca. 80 m)

Ausdauer: Schon die *Basisroute* setzt eine gute Kondition und Ausdauer voraus. Wer sich für die *Varianten* entscheidet, sollte konditionsstark, sehr ausdauernd und bikeerfahren sein.

Fahrtechnik: Die *Basisroute* stellt keine besonderen Anforderungen an die Fahrtechnik; für die *Varianten* ist eine gute Bike-Beherrschung notwendig.

Wegbeschaffenheit: *Basisroute* anfangs auf Asphalt, dann überwiegend auf guten Forst- und Schotterstraßen, am Ende Radroute zum Lago; *Varianten* meist auf teils grobschottriger Piste, guten Forstwegen und gut fahrbaren Trails.

höchster Punkt: Andalo (ca. 1030 m); Rifugio San Pietro (ca. 1150 m)

Varianten:
1 Dolomiti di Brenta-Trek (ca. 800 hm; ca. 32 km);
2 Andalo (ca. 600 hm; ca. 7 km);
3 Tenno-See (ca. 1000 hm; ca. 32 km)

Einkehrtipps: diverse Cafés und Restaurants in Andalo und Molveno; z. B. Pizzeria Pizzico/Molveno-See

Kartentipps: Kompass 95 – Valle di Non/Nonstal; Kompass 073 – Dolomiti di Brenta/Brentagruppe; Kompass 071 – Alpi di Ledro

An unserem fünften und letzten Alpencross-Tag verlassen wir das Val di Non und biken durch den Naturpark Adamello Brenta, vorbei am Molveno-See, zum Gardasee – diese Etappe verspricht Panoramen der Extraklasse und wunderbare Gardasee-Tiefblicke.

Auf der Schotterstraße nach Ranzo genießen wir traumhafte Fern- und Tiefblicke.

Wenn wir unsere heutige Etappe in Cles starten, müssen wir uns gleich entscheiden, ob wir der Basisroute durch zahlreiche kleine Dörfer des Val di Non nach Sporminore folgen, oder uns für den „Dolomiti di Brenta-Trek" (Variante 1) entscheiden. Die Basisroute folgt der Fahrstraße und bringt uns auf Asphalt relativ zügig nach Sporminore, wo dann unser erster Anstieg in der Brenta auf uns wartet.

Entscheiden wir uns für die Variante 1, führt uns die Route in den Hängen des Val di Non auf Forstwegen und Trails Richtung Sporminore. Dieser Weg ist sicherlich der landschaftlich und fahrtechnisch reizvollere. Man sollte sich aber bewusst sein, dass auf dieser Route bis zum „eigentlichen" Anstieg in der Brenta bereits ca. 770 hm und 32 km zu bewältigen sind und hierfür auch genügend Zeit einzuplanen ist. Denn schließlich liegen dann noch ca. 63 km und mindestens 800 hm auf der Basisroute bis zum Lago vor uns. Daher sei nur konditionsstarken und geübten Bikern gleich zu Anfang dieser Etappe

SEHENSWÜRDIGKEITEN

Lago di Molveno

Der Lago di Molveno ist der größte natürlich entstandene alpine See Italiens und liegt auf der Ostseite der Brenta auf einer Höhe von ca. 860 Metern. Er ist bis zu 4 km lang und bis zu 120 m tief. Der See wird durch den Rio di Lambin und mehrere kleine Zuflüsse aus den Brenta-Bergen gespeist. Ein Abfluss durchfließt zunächst den kleinen Lago di Nembia und mündet dann in die Sarca, die wiederum in den Gardasee mündet.

zu dieser anspruchsvollen Alternative geraten.

Egal auf welchem Weg wir uns nach Sporminore aufmachen, erreichen wir kurz nach der kleinen Ortschaft den Einstieg zur Auffahrt

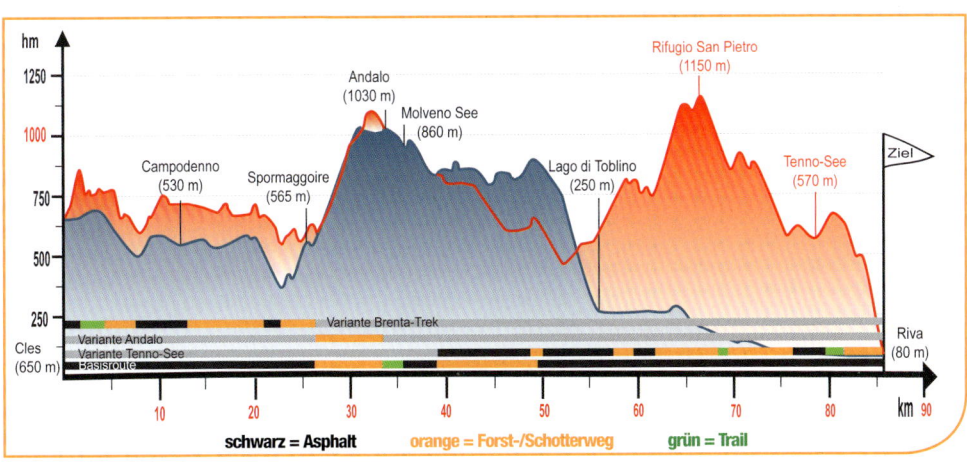

schwarz = Asphalt   orange = Forst-/Schotterweg   grün = Trail

Apfelbäume und schneebedeckte Gipfel im Hintergrund – typisch fürs Val di Non.

SEHENSWÜRDIGKEITEN

Steinwüste der Marroche

Die einst von Gletschern geschaffene Steinwüste ist ein lohnendes Ausflugsziel – besonders mit dem Mountainbike. Hier türmen sich auf einer Fläche von ca. 15 km² gigantische Felsbrocken. Diese Steinwüste entstand mit dem Rückzug der Gletscher und stellt heute zwischen Drò, Drena und dem Lago di Cavedine ein beeindruckendes Naturdenkmal dar.

Auf den Spuren des Bären durch den Naturpark.

durch den „Parco Naturale Adamello Brenta" nach Andalo.

Es gibt zwei Wege, die „auf den Spuren des Bären" nach Andalo führen. Die Basisvariante hält sich eher am Rand des Naturparks und hat einen höheren Asphaltanteil, der das Überwinden der teilweise doch steilen Passagen leichter macht (ca. 500 hm). Wählt man die schwere Auffahrtsroute (ca. 600 hm) (Variante 2) fährt man hauptsächlich auf guter, aber schottriger Piste und wird bei der einen oder anderen asphaltierten Rampe vor Herausforderungen an Kondition und Kraft gestellt. „Legendär" ist die letzte dieser Rampen – wer diese, ohne abzusteigen bezwingt, darf sich „Bergkönig" nennen. Beide Routen treffen sich kurz vor Andalo.

Nachdem wir den Wintersportort Andalo durchquert haben, fahren wir auf einem schönen flowigen Trail zum Molveno-See ab, wo wir uns eine Pause am Seeufer mehr als verdient haben!

Am Ufer des tiefblauen Sees entlang geht es weiter – die imposanten Gipfel der Brenta stets im Blick.

Bei der kleinen Siedlung Nembia trennen sich wieder unsere Wege. Entweder wählen wir den direkten Weg zum Lago über Ranzo und die Marroche-Ebene oder wir wollen noch ein paar Höhenmeter mehr machen und entscheiden uns für die Route Richtung Lomaso/Rifugio San Pietro und erreichen den Gardasee schließlich mit einem Abstecher über den Tenno-See (Alternative 3).

Beide Routen haben ihren Reiz – insbesondere die Abfahrt nach Ranzo verspricht grandiose Fernblicke in die Brenta und einen tollen Flow. Aber auch die konditionell anspruchsvollere Alternative hat mit imposanten Panoramen und nicht zuletzt als Highlight mit dem Tenno-See aufzuwarten. Letztlich kommt es darauf an, wie viel Zeit und Kondition wir an unserem letzten Etappentag noch aufbringen können.

Die imposanten Brenta-Gipfel schaffen unvergleichliche Panoramen.

Spaß im Tunnel auf der Abfahrt nach Ranzo.

Torbole – ehemals ein kleines Fischerdorf, heute Surfer-Hotspot.

Die Strada della Pinza spuckt uns direkt im Hafen von Riva aus.

Haben wir uns für die Basisroute entschieden, treffen wir nach einen steilen Abfahrt, die aber viel Fahrspaß garantiert, auf den Toblino-See und folgen nun der Radroute entlang der Sarca und schließlich durch die beeindruckende Felswüste Marocche bis wir das kleine Städtchen Arco erreichen. Schon von Weitem sehen wir das Castell d'Arco hoch oben auf dem Felsen über der Stadt vor uns auftauchen, das uns signalisiert: Gleich haben wir es geschafft – nur noch wenige Kilometer trennen uns vom Gardasee!

Lago di Garda

Der Gardasee liegt auf einer Höhe von 65 m und ist mit einer Länge von über 51 km und einer maximalen Breite von 17 km der größte See Italiens. Einst durch den Etschgletscher geformt, liegt das Nordufer des Sees umrahmt von den Zweitausendern der Gardaseeberge, wie z. B. dem Monte Baldo. Das Südufer befindet sich dagegen im krassen Gegensatz zu dem Nordufer in der flachen Poebene. Politisch gesehen gehören die Städte und Orte am Gardasee zu drei unterschiedlichen italienischen Regionen: der Norden zählt zu Trentino-Südtirol, der Westen zur Lombardei und das Ostufer zu Venetien. Damit teilen sich die drei Provinzen Trentino (Norden), Verona (Osten) und Brescia (Westen) die Verwaltung. Bis zum Ersten Weltkrieg stand das Nordufer des Sees sogar unter der Herrschaft Österreich-Ungarns.

Der Gardasee wird hauptsächlich durch den Fluss Sarca gespeist. Dieser fließt am Nordende bei Torbole in den See. Als Mincio verlässt der Fluss bei Peschiera del Garda den Gardasee und fließt später in den Po.

Besonders bekannt ist der Gardasee wegen seiner einzigartigen Fallwinde am nördlichen Ufer. Die Hauptwinde sind die Ora und der Peler. Die Ora ist ein Südwind, der in der Mittagszeit beginnt und bis in die frühen Abendstunden weht. Der Peler (auch unter dem Namen Vento (it. für Wind) bekannt) ist ein Nordwind, der in der zweiten Nachthälfte beginnt und bis zum Vormittag anhält. Wegen dieser Winde ist der nördliche Gardasee zwischen Torbole und Malcesine bei Seglern und Windsurfern sehr beliebt.

Arco – ein Eldorado für Kletterer – gehört unumstritten zu den schönsten Städtchen am nördlichen Gardasee. Ein Abstecher in die Gässchen der Altstadt und vielleicht ein Eis auf dem Domplatz lohnen sich auf alle Fälle. Der Radweg entlang der Sarca bringt uns schließlich schnell nach Torbole am Ufer des Gardasees. Von hier aus ist es auch nur noch ein Katzensprung auf dem Radweg bis nach Riva del Garda. Haben wir die Route über den Tenno-See (Variante 3) gewählt, spuckt uns die Abfahrt über die Strada della Pinza vorbei an der alten Festung, der Bastione, direkt im Hafen von Riva aus.

Wir haben unser Ziel erreicht: Wir sind am Lago! Nach dem obligatorischen Sprung ins kühle Nass, der nach keinem Alpencross fehlen darf, feiern wir unsere Tour in den zahlreichen kleinen Kneipen Rivas, Torboles oder Arcos. Denn die malerischen Orte am Nordufer des Gardasees mit ihren kleinen Gässchen und gemütlichen Plätzen haben auch gastronomisch einiges zu bieten.

Riva del Garda

Riva del Garda liegt in der italienischen Region Trentino am Nordende des Gardasees und ist mit über 16 000 Einwohnern die größte Ortschaft am Seeufer. Schon die Römer wussten die strategisch günstige Lage zu schätzen, deswegen war Riva del Garda schon früh besiedelt. Später war Riva ein Anziehungspunkt für Literaten und Philosophen, unter ihren wiederkehrenden Sommerfrischlern befanden sich zum Beispiel Friedrich Nietzsche, Rainer Maria Rilke, Franz Kafka und die Gebrüder Heinrich und Thomas Mann.

Heute ist Riva del Garda ein beliebter Urlaubsort. Besonders Freizeitsportler lockt es wegen seiner günstigen geografischen und klimatischen Bedingungen an das Nordende: die Gardaseeberge sind ein ideales Revier für Mountainbiker und Kletterer, der See selbst ist wegen seiner berühmten Fallwinde ein Paradies für Surfer und Segler. Es kommen aber auch ältere Reisende und Familien, die wegen des langen Strandes und des parkähnlichen Ufers, der vielen Geschäfte und der guten Restaurants nach Riva del Garda kommen.

Der historische Kern der Stadt liegt direkt am See, auf der Uferpromenade laden zahlreiche Cafés zum Ausspannen ein. Drei noch erhaltene Stadttore führen in die Fußgängerzone Rivas. Sehenswert ist außerdem die Rocca di Riva, eine festungsartige Wasserburg. In ihr ist heute das Stadtmuseum mit Gemälden und archäologischen Schätzen untergebracht. Auffällig ist auch die achteckige Chiesa dell' Inviolata. Die Barockkirche wurde im 17. Jahrhundert erbaut und ist vor allem innen sehr prunkvoll. Das Wahrzeichen Rivas aber ist der Torre Apponale, ein 34 m hoher Uhrturm, der leicht schief ist und an der Piazza 3 Novembre steht. Hier, auf der Piazza, schlägt das Herz der Altstadt.

Piazza 3 Novembre

Der malerische Platz der schönen Altstadt liegt direkt am See und ist von Arkaden umgeben. Er wird vom hohen Stadtturm Torre Apponale, einem Relikt der mittelalterlichen Stadtmauer, dominiert.

Rocca

Die ganz von einem Wassergraben umgebene mächtige Burg, die zum Symbol militärischer Macht wurde, stammt aus dem 12. Jahrhundert. Im Laufe der Jahre wurde sie immer wieder verändert und ergänzt. Heute beheimatet sie das Museo Civico und die Pinakothek mit naturkundlichen, archäologischen und frühgeschichtlichen Sammlungen.

Pfarrkirche Santa Maria Assunta

Die barocke Pfarrkirche Santa Maria Assunta erhebt sich in der Stadtmitte von Riva del Garda und blickt auf die große Piazza Cavour. Das Bauwerk, eine Neuerrichtung aus dem 18. Jahrhundert, beherbergt zahlreiche Ölgemälde und Stuckarbeiten. Das Kircheninnere besteht aus einem einzigen Schiff und einer Seitenkapelle für das Seelenamt. Hinter dem Hochaltar verbirgt sich ein großes Bild der Assunta von Craffonara, von dem die Kirche am vierten Altar auf der linken Seite sein Meisterwerk bewahrt, die Schmerzensmutter. Auf der angrenzenden Piazzetta Craffonara steht eine Basrelief-Büste des Kunstmalers (1790-1837), das Werk von Francesco Trentini, und eine alte Säule. Die ehemalige, später zerstörte Kirche befand sich an diesem kleinen Platz.

Chiesa dell'Inviolata

Diese Kirche aus dem 17. Jahrhundert wurde von einem unbekannten portugiesischen Architekten im manuelinischen Stil gebaut und ist Rivas größter Kunstschatz. Stuck und Dekorationen, Marmoraltäre und ein geschnitztes hölzernes Chorgestühl schmücken das prunkvolle Innere. Bemerkenswert sind die Gemälde von Palma il Giovane und die Fresken von Pietro Ricci. Der Sakralbau mit seinem achteckigen Grundriss gilt als eine der schönsten Barockkirchen des Trentino. Er wurde zwischen 1603 und 1636 nach dem Entwurf eines unbekannten portugiesischen Architekten errichtet.

Porto San Nicolò

Sporthafen von Riva mit Kiesstrand, Rasenflächen und gemütlicher Hafenkneipe außerhalb der Stadt auf dem Weg Richtung Torbole.

Il Bastione

Die Festung Il Bastione, gebaut aus grauem Naturstein, am Hang des Monte Rocchetta, ist eines der Symbole von Riva del Garda, das aus etwa 200 m Höhe die Stadt und den See dominiert. Die venezianische Festung wurde zu Beginn des 16. Jahrhunderts errichtet, um dem unterhalb liegenden Ort und seinen Einwohnern mehr Sicherheit zu ga-

Riva del Garda – Kulturstadt mit Flair.

rantieren. 1703 wird die Festung durch die von General Vendôme angeführten Truppen zerstört, die den Zentralkomplex verminten und somit das Befestigungswerk unbrauchbar machten. Die Festung ist vom Hafen in Riva in wenigen Minuten über eine gepflasterte Straße erreichbar, die durch den Schwarzkiefernwald der Rocchetta führt.

Nützliche Adressen

Tourist-Info
Tourist-Info Riva del Garda
Largo Medaglie d'Oro al Valor Militare 5
38066 Riva del Garda
Tel.: +39 04 64 55 44 44
E-Mail: info@gardatrentino.it
www.gardatrentino.it

Apotheken
Apotheke Dr. Elena Accorsi
Via degli Oleandri 15
38066 Riva del Garda-Varone
Tel.: +39 0464 551195

Apotheken Accorsi Dr. Massimo
Via Maffei 8
38066 Riva del Garda
Tel.: +39 0464 552302

Städtische Apotheke S. Giuseppe
Viale Trento 96
38066 Riva del Garda
Tel.: +39 0464 550509

Bike-Shops
Rosà Bike & Scooters
Viale Dante 4
38066 Riva del Garda
Tel.: +39 0464 553498
www.rosabike.it

Villa Aranci Shop
Viale Rovereto 23
38066 Riva del Garda
Tel.: +39 0464 552715
www.villaaranci.it/villa-aranci-shop

The Lab Bike Wellness
Viale G. Carducci 8b
38066 Riva del Garda
Tel.: +39 0464 550951
www.the-lab.it

Leoni Cicli
Via S.Nazzaro 2
38062 Riva del Garda
Tel.: +39 0464 521832
www.leonicicli.com

Cicli Pederzolli
Viale dei Tigli 24
38066 Riva del Garda
Tel.: +39 0464 551830
www.pederzolli.it

Essen & Trinken
Ristorante Pizzeria Leon d'Oro
Via Fiume 28
38066 Riva del Garda
Tel.: +39 0464 552341

Osteria La Contrada
Via Bastione 1
Riva del Garda
Tel.: +39 0464 521695

La Fattoria
Via Marone 9
38066 Riva del Garda
Tel.: +39 0464 554258

Spaggia Olivi
Giardini di Porta Orientale 5
38066 Riva del Garda
Tel.: +39 0464 356600

Gelateria Flora
Viale Rovereto 54
38066 Riva del Garda
Tel.: +39 0464 551671

Hotels
Am Gardasee gibt es unzählige Hotels, Pensionen, Apartments sowie einige Campingplätze. Vom 5-Sterne Luxushotel bis zur einfachen Pension ist alles geboten. Viele Hotels haben sich mittlerweile auf die Wünsche und Bedürfnisse von Mountainbikern spezialisiert, nicht wenige bieten den

Sportlern ein umfassendes Service-angebot wie Werkstatt, Bike-Garage, geführte Touren und GPS-Verleih, Kartenmaterial, besondere Biker-Menüs und, und, und. Eine ausführliche Liste von MTB-Hotels am Gardasee findet man auf der folgenden Seite: www.gardamtbtours.com/en/lake-garda-bike-hotels

Garda Sporting Club Hotel
Via dei Tigli 40
38066 Riva del Garda
Tel.: +39 0464 55 20 72
E-Mail: info@gardasportinghotel.it
www.gardasportinghotel.de

EcoHotel Primavera
Via Brione 23
38066 Riva del Garda
Tel.: +39 0464551798
E-Mail: info@hotelprimavera-riva.it
www.hotelprimavera-riva.it

Hotel Garni Rita
Via Brione 19
38066 Riva del Garda
Tel.: +39 0464551798
E-Mail: info@garnirita.com
www.garnirita.com

Hotel Gabry
Via Longa 6
38066 Riva del Garda
Tel.: +39 0464 553600
E-Mail: hgabry@tin.it
www.hotelgabry.info

Albergo al Maso
Via Edoardo Modl 7
38066 Riva del Garda
Tel.: +39 0464 521514
E-Mail: info@hotelalmaso.it
www.hotelalmaso.it

Torbole

Torbole war einst ein kleines Fischerdorf und ist heute ein beliebter Treffpunkt für Surfer und Segler am Nordufer des Gardasees. Torbole bietet die längste Seepromenade des Gardasees, mit einem ununterbrochenen weißen Kieselstrand, die sich nach einigen Kilometern vorbei an Surfschulen, Bars und Cafés, mit der Seepromenade von Riva del Garda verbindet. Neben all den Szene-Lokalen und Surfshops gibt es aber auch viel Geschichtsträchtiges zu entdecken. Der kleine Hafen mit dem alten Zollamt und dem Casa Beust ist der malerischste Platz von Torbole. Schon Goethe war von dem Flair zutiefst beeindruckt. Seine begeisterten Beschreibungen veranlassten in den vergangenen Jahrhunderten zahlreiche junge Maler und Dichter auf ihren Studienreisen durch Italien Torbole auf ihrer Route mit einzuplanen.

Pfarrkirche Sant' Andrea
Die Kirche – bereits 1175 erstmals erwähnt – wurde im Jahr 1703 von französischen Truppen beinahe vollkommen zerstört. Nachdem sie im Stil des Barock wieder aufgebaut wurde, konnte sie 1839 feierlich geweiht werden. Prunkstück der Pfarrkirche ist das Altarbild Giambettino Cignarolis, eine Darstellung des Martyriums des Heiligen Andreas'. Von dem Vorhof der Pfarrkirche bietet sich ein schöner Panoramablick auf Torbole und den See.

Casa Beust
Als Künstler-Treffpunkt war das Haus an der Seepromenade bis in die 1970er Jahre beliebt. Heute nehmen Surfer im malerischsten Viertel von Torbole gern ihr Mittagessen ein. Besondere Beachtung verdient das Fresko des Heiligen Antonius des Berliner Malers Hans Lietzmann.

Die Gletschermühlen (Nago-Torbole)
Ein Spaziergang der besonderen Art: Die Marmitte dei Giganti (Gletschermühlen) entstanden durch in Spalten abfließendes Schmelzwasser des Gletschers, die Gesteinstrümmer in kreisförmige Bewegung versetzten und langsam die Erweiterung und Vertiefung des Felsens forcierten. Die größten Gletschermühlen sind von der linken Seite der Staatsstraße, die von Torbole nach Nago führt, oder über einen Weg, der am Ende der Via Strada Granda in Torbole startet und bis zu den Marmitte aufsteigt (1,5 km), zu erreichen. Eine Wanderung wie durch eine Mondlandschaft!

Schloss Penede
Die Ruine von Castel Penede thront auf dem monumentalen Felsvorsprung, der oberhalb von Torbole in Richtung Gardasee ragt. Bei der Burg, auf den Resten einer prähistorischen Ansiedlung erbaut, handelt es sich vermutlich um ein Befestigungswerk der Römer. Die Anlage wird 1210 erstmals erwähnt. Das Schloss Penede ist ein fantastischer Aussichtspunkt, ein authentisches „Observatorium auf den Gardasee". Im darunter gelegenen Wald sind Reste einer enormen Mauer aus Kalkstein zu erkennen – vermutlich ein ehemaliger römischer Turm –, mit Fragmenten einer Freitreppe aus leuchtend rotem Naturstein. Bei Aufräumungs- bzw. Säuberungs-

arbeiten an dieser Struktur kamen große Lehmziegel, römische Münzen und Keramik ans Tageslicht, die Zeugnis über die Präsenz der Römer ablegen.

Nützliche Adressen

Tourist-Info
Fremdenverkehrsbüro Torbole
Via Lungolago Verona 19
38069 Torbole sul Garda
Tel.: +39 0464 505177

Apotheke
Farmacia Dr. Chinaglia
Via Matteotti 33
38069 Torbole sul Garda
Tel.: +39 0464 505440

Bike-Shops
Carpentari Bike Shop
Via Matteotti 95
38069 Torbole sul Garda
Tel.: +39 0464 505500
www.carpentari.com

3S Bike
Via Matteotti 122
38069 Torbole sul Garda
Tel.: +39 0347 47 137 48
E-Mail: info@3S-Bike.com
www.3s-bike.de

Mecki's
Via Matteotti 5
38069 Torbole sul Garda
Tel.: +39 0464 548051
www.mecki.com

Essen & Trinken
Ristorante Pizzeria La Fattoria
Via Giovanni Segantini 37
38069 Nago-Torbole
Tel.: +39 0464 548131

Ristorante Hotel Centrale
Piazza Goethe 13
38069 Nago-Torbole
Tel.: +39 0464 505234

La Terrazza
Via Benaco 14
38069 Torbole sul Garda
Tel.: +39 0464 506083

Pizzeria Sottovento
Via Segantini 37

38069 Torbole sul Garda
Tel.: +39 0464 548131

Wind's Bar
Via Matteotti 9
38069 Torbole sul Garda
Tel.: +39 0464 505232

Hotels
Aktivhotel Santalucia
Via Santa Lucia 6
38069 Torbole sul Garda
Tel.: +39 0464 505140
E-Mail: info@aktivhotel.it
www.aktivhotel.it

Hotel Villa Gloria
Via delle Busatte 1
38069 Torbole sul Garda
Tel.: +39 0464 505712
E-Mail: info@villagloria.info
www.villagloria.info

Hotel Garnì Villa Magnolia
Via della Lòva 8
38069 Torbole sul Garda
Tel.: +39 0464 505050
E-Mail: info@hotelvillamagnolia.it
www.hotelvillamagnolia.it

Der Hafen von Torbole ist das Herz des ehemaligen Fischerdörfchens.

Apartments Casa Carla
Via Strada Granda 84-86
38069 Torbole sul Garda
Tel.: +39 0333 2701354
E-Mail: info@casacarla.it
www.casacarla.it

Arco

Auch wenn Arco nicht direkt am Seeufer des Gardasees gelegen ist, lockt das kleine Städtchen mit unzähligen Restaurants, Bars und Cafés viele Touristen an. Die Stadt hat eine sehr schöne alte Bauweise mit vielen kleinen Gassen, attraktiven Geschäften, zahlreichen Eisdielen und Pizzerien. Wer nachts um die Häuser ziehen möchte, profitiert vom regen Nachtleben. Dank seines besonders milden Klimas wurde Arco in der zweiten Hälfte des 19. Jahrhunderts zum Wintersitz des österreichischen Kaiserhofs. In dieser Zeit entstanden die Jugendstilvillen von adligen und bürgerlichen Familien in Arco. Das bauliche Gesamtbild ist auch heute noch erhalten. Im historischen Kern der Stadt befinden sich der Domplatz sowie zahlreiche altehrwürdige Paläste und schmucke Stadthäuser, darunter das ehemalige Rathaus oder der mit

Fresken geschmückte Palazzo Marchetti. Nette Geschäfte und Boutiquen laden zum Bummeln ein. Die beschauliche Altstadt lässt sich bequem zu Fuß erkunden, nach einem ausführlichen Stadtspaziergang kann man in einem hübschen Lokal oder einer Eisdiele die Seele baumeln lassen und das historische Flair genießen.

Castell d'Arco

Arco ist bekannt für das alte Schloss, das weithin sichtbar auf einem Felsen über der Stadt thront. Die Ursprünge des gut 1000 Jahre alten Schlosses sollen auf die Goten zurückgehen. Während es im Mittelalter noch hart umkämpft war, nahm das Interesse am Castell d'Arco wegen seiner etwas beschwerlich zu erreichenden Lage dann zusehends ab. Nach der Zerstörung im Jahr 1703 durch die französischen Truppen sind heute nur noch die Torre Grande aus dem 13. Jahrhundert und die Torre Renghra genannte mittelalterliche Burg aus dem 6. Jahrhundert übrig, die den allerersten Kern der Anlage bildete. Die Überreste verwitterten mehr und mehr. Das ursprüngliche Aussehen ist uns heute dank eines Gemäldes von Albrecht Dürer be-

kannt. Die Ruine ging schließlich in den Besitz der Gemeinde Arco über. Diese hat nun einige Bereiche wiederhergestellt, darunter den sehenswerten Saal der Spiele.

Arboretum

Für die Mitglieder des österreichischen Kaiserhofs, die im 19. Jahrhundert in Arco ihren Feriensitz einrichteten, war es fast eine Art Wettbewerb, wer die schönsten und seltensten Pflanzen in seinem Garten hatte. Ergebnis waren eine stattliche Anzahl an Arboreten mit vielen seltenen und schönen Bäumen und Pflanzen. Das schönste Arboretum befindet sich am Ende der Via Fossa. Dieses Arboretum ist Teil des Erzherzogparks, der 1872 von Erzherzog Albert von Habsburg, dem Cousin von Kaiser Franz Joseph, geschaffen wurde. Der Baumgarten, dessen Gewächse aus verschiedenen Kontinenten stammen, konnte sich dank des milden Klimas von Arco hervorragend entwickeln und birgt auch heute noch einige aus der Zeit des Erzherzogs stammende Exemplare, wie zum Beispiel die majestätischen Steineichen und die großen Nadelbäume, die Zypresse von Lawson und die enorme Sequoia. Auch Mammutbäume, Zedern und Palmen können auf botanischen Lehrpfaden erkundet werden.

Kirchen in Arco

Die monumentale Pfarrkirche Collegiata Santa Maria Assunta liegt am Hauptplatz von Arco und ist kaum zu übersehen. Sie gehört zu den bekanntesten Bauten der Spätrenaissance im Trentino und zeichnet sich durch eine strenge Fassade, eine hölzerne Kassettentür und einen äußerst prunkvoll

Wenn wir das Castell d'Arco am Horizont erblicken, ist es nicht mehr weit bis zum Lago!

gestalteten Innenraum aus. Daneben gibt es in Arco weitere sehenswerte Sakralbauten, zum Beispiel die evangelische Trinitatis-Kirche in auffallendem, neugotischem Stil und mit einem grün-gelb gekachelten Dach, die kleine mittelalterliche Kirche San'Apollinare, die Kreuzkuppelkirche San Rocco und die Chiesa San Martino, die sich auf einem schönen Hügel im gleichnamigen Ortsteil befindet.

Palast des Erzherzogs

Der Wintersitz des österreichischen Erzherzogs aus der Zeit der Doppelmonarchie Österreich-Ungarn (1867-1918) steht in der Via Fossa Grande. Der Palast, wo Erzherzog Albert von Österreich lebte, wurde erst vor kurzem renoviert und zu einem Hotel umgebaut. Mitten im historischen Zentrum von Arco gelegen, ist es nun möglich in dem ehemaligen Palast in einem der zwölf Zimmer zu übernachten.

Nützliche Adressen

Tourist-Info
Fremdenverkehrsbüro Arco
Viale delle Palme 1
38062 Arco
Tel.: +39 0464 532255

Apotheken
Farmacia Dott.ssa Venezian Patrizia
Via Negrelli 12
38062 Arco
Tel.: +39 0464 519080

Farmacia Redi
Via Nas 3
38062 Arco
Tel.: +39 0464 516214

Bike-Shops
Bike Shop Giuliani
Via B. Galas 29/A
38062 Arco
Tel.: +39 0464 518305
E-Mail: bikegiuliani@gmail.com
www.bikegiuliani.com

BIKBIKE Arco
Via Santa Caterina 9
38062 Arco
Tel.: +39 0464 514 385
E-Mail: info@bikbike.com
www.bikbike.com

Stop and Go
Piazza Trieste 6
38074 Dro
Tel.: +39 0464 544028
www.stopandgo-bike.com

Essen & Trinken
Restaurant Alla Lega
Via Vergolano 8
38062 Arco
Tel.: +39 0464 516205
E-Mail: info@ristoranteallalega.com
www.ristoranteallalega.com

Caffè Casinò Città di Arco
Viale Delle Palme 6
38062 Arco
Tel.: +39 0464 512874
E-Mail: info@caffecasinoarco.it
www.caffecasinoarco.it

California
Via Caproni Maini Paolina 1
38062 Arco
Tel.: +39 0464 713616
E-Mail: info@ristorantecalifornia.it
www.ristorantecalifornia.it

La Cantinota
Via Linfano 50
38062 Linfano – Arco
Tel.: +39 0464 548230

E-Mail: info@lacantinota.it
www.lacantinota.it

Osteria Le Servite
Via Passirone 68
38062 San Giorgio – Arco
Tel.: +39 0464 557411
E-Mail: info@leservite.com
www.leservite.com

Hotels
Garni al Frantoio
Via delle Grazie 22
38062 Varignano – Arco
Tel.: +39 0464 518317
E-Mail: info@garnialfrantoio.it
www.garnialfrantoio.it

Villa Franca
Via Lungo Sarca 8
38062 Arco
Tel.: +39 0464 505162
E-Mail: info@hotelvillafranca.net
www.hotelvillafranca.net

Guesthouse Arco
Via Fabbri 18
38062 Arco
Tel.: +39 0335 5241312
E-Mail: hmg@guesthouse-arco.com
www.guesthouse-arco.com

Hotel Marchi
Via Ferrera 22
38062 Arco
Tel.: +39 0464 517171
E-Mail: info@hotelmarchi.com
www.hotelmarchi.com

Garni on the Rock
Vicolo Ere 23
38062 Arco
Tel.: +39 0464 516825
E-Mail: info@garniontherock.com
www.garniontherock.com

Anhang

Täglicher Bike-Check

Vor dem Start einer mehrtägigen Tour solltet Ihr unbedingt einen Bike-Check durchführen, um sicher zu gehen, dass alles passt und Ihr unterwegs keine bösen Überraschungen erlebt. Klar, gibt es entlang der Route zahlreiche Bike-Shops, aber vorbeugen ist besser als reparieren!

1. Bremsen

Sollten prompt und auf leichten Zug ansprechen und mit zwei Fingern leicht zu bedienen sein. Sie sollten bis 2 cm zum Lenkerrohr ohne Anstrengung gezogen werden können. Bei Scheibenbremsen die Bremsbeläge durch einen kurzen Blick prüfen. Für mehrtägige Touren sind im Gepäck zwei Sätze Ersatzbremsbeläge Pflicht.   gecheckt ❑

2. Schnellspanner

Die Schnellspanner an den Laufrädern sollten stets nach hinten oder oben parallel zum Rahmen ausgerichtet sein. Keinesfalls nach vorne. Denn in diesem Fall können sich leicht Äste o. ä. in den Schnellspannern verhaken und im schlimmsten Fall Stürze verursachen. Sie sollten zudem fest genug geschlossen sein.   gecheckt ❑

3. Lenker, Griffe, Vorbau

Das Vorderrad zwischen die Knie klemmen und Lenker, Vorbau und Griffe drehen. Alles muss fest sitzen. Griffe dürfen nicht hin und her rutschen!   gecheckt ❑

4. Sattel

Prüfen, ob der Sattel spielfrei und fest auf der Sattelstütze sitzt. Wenn der Sattel plötzlich wegkippt, kann das schmerzhafte Folgen haben.   gecheckt ❑

5. Reifen

Den Reifen auf mögliche Risse und Beschädigungen an Lauffläche und Mantelseiten überprüfen.   gecheckt ❑

6. Pedale und Kurbel

Pedal und Kurbel sollten kein Spiel haben. Sind Kurbel und Pedale fest? Funktionieren die Klickpedale? Sind alle Schrauben an den Cleats an den Schuhen vorhanden und fest? Wenn diese sehr schwer gehen, etwas Teflonöl auf die Klickflächen geben.   gecheckt ❑

7. Speichen

Jeweils zwei Speichen in die Finger nehmen und sie leicht zusammendrücken. Etwas Spiel dürfen sie haben, aber es sollte stets gleich viel sein.   gecheckt ❑

Für den Bike-Check sollte man sich Zeit nehmen.

Erste-Hilfe-Guide

Es ist ratsam, auf Tour immer ein Erste-Hilfe-Pack im Rucksack zu haben. Wir empfehlen z. B. das Set des DAV oder der DIMB, da diese beiden alles Notwendige enthalten (Infos unter: www.dav.de und www.dimb.de)

Notruf-Nummern und Notruf
Europaweit + Schweiz: 112
Wo ist es passiert?
Was ist passiert?
Wie viele Verletzte?
Welche Verletzungen?
Warten auf Rückfragen!

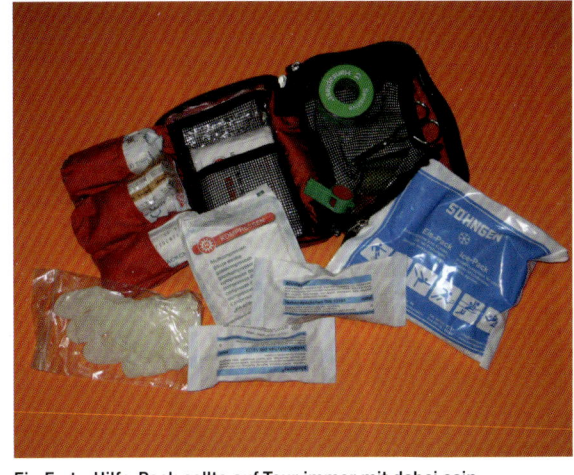

Ein Erste-Hilfe-Pack sollte auf Tour immer mit dabei sein.

Absichern der Unfallstelle
Den Verletzten, wenn nötig, aus der Gefahrenzone bringen.

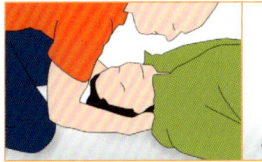 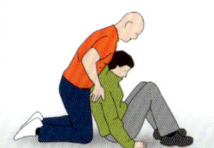 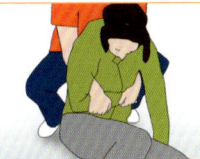 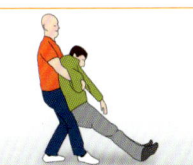

1 Unter den Nacken greifen, Kopf stützen, Oberkörper aufrichten.
2 Mit den Oberschenkeln den Verletzten abstützen.
3 Unter den Achseln durchfassen und den Unterarm des Verletzten greifen (Affengriff).
4 Den Verletzten auf die eigenen Oberschenkel ziehen und rückwärts zu einer sicheren Stelle bringen.

Den Verletzten auf einen ebenen Untergrund legen. Bei Rückenverletzungen nur bewegen, wenn der Verletzte ohnmächtig ist oder sich in Gefahr befindet (Absturzgefahr, Straßenverkehr etc.).

Stabile Seitenlage
Der geöffnete Mund muss tiefster Punkt des Körpers sein. Den Kopf überstrecken, um Ersticken zu verhindern. Atmung stets prüfen!

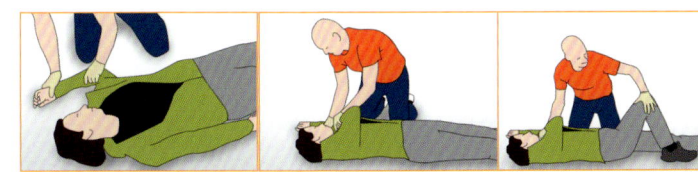 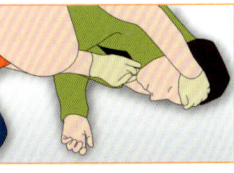

PACKLISTE *FÜR 1 WOCHE* MOUNTAINBIKE-TOUR *MIT GEPÄCKSHUTTLE*

FÜR UNTERWEGS

- Helm
- Bike- u. Sonnenbrille mit UV-Schutz
- Regenjacke, Regenhose
- ggf. Windbreaker o. Fleece
- ggf. Radüberziehschuhe
- (Langfinger-) Handschuhe
- 1 Radhose kurz
- ggf. Radhose lang o. Beinlinge
- 1 Kurzarm-Trikot
- 1 Langarm-Trikot/Armlinge
- 1 Paar Radsocken
- Buff-Tuch (für Hals o. Kopf)
- ggf. Mütze für unterm Helm
- Radschuhe
- Taschentücher
- Lippenpflegestift UV
- Sonnencreme (Faktor 12-30)
- Ersatzschlauch
- Schaltauge
- Ersatzbremsbeläge

HARDWARE FÜR UNTERWEGS

- Rucksack + Regenhülle
- Tacho oder GPS-Gerät
- ggf. Herzfrequenzmesser + Brustgurt
- 2 Radflaschen (je 0,75l)
  oder Trinksystem im Rucksack
- Handy + Ladegerät
- evtl. Kamera + Ladegerät
- Licht + Warnweste (Pflicht in Italien!)

VERPFLEGUNG

- Energie-/Müsli-Riegel
- ggf. Gel-Packs
- Fruchtschnitten
- evtl. Obst (Bananen)

IM SHUTTLE-GEPÄCK EMPFEHLEN WIR

- 2 Radhosen
- 2 Kurzarm-Trikots
- 2 Paar Radsocken
- 3 T-Shirts
- 2 Hemden
- 2 Pullover
- 1 Freizeithose kurz
- 1 Freizeithose lang
- 1 Schlafanzug/-shirt
- Unterwäsche
- Strümpfe
- ggf. Badehose/-anzug
- Badeschlappen
- Schuhe

WENN ES MAL ZWACKT

DAS ERSTE-HILFE-SET
und evtl. zusätzlich mitbringen:
- Aspirin
- Mückenstift/ -salbe
- Mobilat-Salbe o. ä.
- Gesäß- oder Wundsalbe
- Sonstiges falls notwendig!

  (Gesäßsalbe gibt es im Radladen,
  Wundsalbe in der Apotheke)

SONSTIGES

- Fahrradschloss
- Ersatzschläuche
- Flickzeug
- Kl. Pumpe
- Minitool (Werkzeug)

PERSÖNLICHES

- ggf. optische Brille + Etui
- ggf. Kontaktlinsen/-mittel u. -behälter
- kleines Handtuch (Microfaser-
  Handtuch evtl. für unterwegs)
- Rasierer
- Waschzeug in Probeformat
  (gibt es im Drogerie-Markt),
- Hautcreme/After Sun
- Zahnbürste/-pasta
- Haarbürste
- ggf. Fön

AUSWEISE + FINANZEN

- Personalausweis
- ggf. Reisepass
- EC-Karte und/oder Kreditkarte
- Bargeld (ggf. Währungen)

JE NACH TOUR UND UNTERKUNFT

- Größerer Rucksack, in den alles Nötige
  für 2 Tage reinpasst (aber leicht!)
- Hüttenschlafsack
- Kleines Handtuch
- Waschzeug im
  Kleinformat
- ggf. leichte
  Hüttenschuhe

ulp bike

PACKLISTE *FÜR 1 WOCHE* MOUNTAINBIKE-TOUR *OHNE GEPÄCKSHUTTLE*

FÜR UNTERWEGS

- ○ Helm
- ○ Bike- u. Sonnenbrille mit UV-Schutz
- ○ Regenjacke
- ○ Regenhose
- ○ (Langfinger-) Handschuhe
- ○ 1 Radhose kurz
- ○ 1 Radhose lang o. Beinlinge
- ○ 1 Langarm-Trikot/Armlinge
- ○ 1 Kurzarm-Trikot
- ○ 2 Paar Radsocken
- ○ ggf. Windstopper-Socken
- ○ Buff-Tuch (für Hals o. Kopf)
- ○ Radschuhe
- ○ ggf. 2 Radslips (für unten drunter)
- ○ Ersatzschläuche
- ○ Schaltauge
- ○ Ersatzbremsbeläge

HARDWARE FÜR UNTERWEGS

- ○ Rucksack + Regenhülle
- ○ Tacho oder GPS-Gerät
- ○ ggf. Herzfrequenzmesser + Brustgurt
- ○ 2 Radflaschen (je. 0,75 l) o. Trinksystem
- ○ Handy + Ladegerät
- ○ ggf. Kamera + Ladegerät
- ○ Hüttenschlafsack
  Licht + Warnweste (Pflicht in Italien!)

VERPFLEGUNG

- ○ Energie-/Müsli-Riegel
- ○ ggf. Gel-Packs
- ○ Fruchtschnitten
- ○ evtl. Obst (Bananen)

FREIZEIT-BEKLEIDUNG FÜR ABENDS, WIR EMPFEHLEN

- ○ 1 Fleece
- ○ 1 Freizeithose lang
- ○ 2 T-Shirts
- ○ 2 x Unterwäsche
- ○ 1 Paar Strümpfe
- ○ 1 Schlafshirt
- ○ ggf. Badehose/-anzug
- ○ ggf. Badeschlappen
- ○ leichte Hüttenschuhe/ Freizeitschuhe

WENN ES MAL ZWACKT

DAS ERSTE-HILFE-SET

und evtl. zusätzlich mitbringen:
- ○ Aspirin
- ○ Mückenstift/ -salbe
- ○ Mobilat-Salbe o. ä.
- ○ Gesäß- oder Wundsalbe
- ○ Sonstiges falls notwendig!

   (Gesäßsalbe gibt es im Radladen,
   Wundsalbe in der Apotheke)

SONSTIGES

- ○ Fahrradschloss
- ○ ggf. Dämpferpumpe
- ○ Minitool (Werkzeug)
- ○ Hüttenschlafsack (wenn Hütten-
  übernachtungen dabei sind)

PERSÖNLICHES

- ○ ggf. optische Brille + Etui
- ○ ggf. Kontaktlinsen-mittel u. –Behälter
- ○ kleines Handtuch
  (Microfaser-Handtuch)
- ○ Taschentücher
- ○ Lippenpflegestift UV
- ○ Rasierer
- ○ Rei in der Tube, abgefüllt
- ○ Waschzeug in Probeformat
  (gibt es im Drogerie – Markt)
- ○ Sonnencreme (Faktor 12-30)
- ○ Hautcreme/After Sun
- ○ Zahnbürste/-pasta
- ○ Haarbürste

AUSWEISE + FINANZEN

- ○ Personalausweis
- ○ ggf. Reisepass
- ○ EC-Karte und/oder Kreditkarte
- ○ Bargeld (ggf. Währungen)

GEWICHT

GESAMTGEWICHT IM RUCKSACK
ca. 6, max. 7,5 kg falls
1,5 Liter im Trink-System.

ulp bike

Impressum

Einbandgestaltung: Mikka Klöppel, ULP GmbH, München

Titelbild: © ULP GmbH, München

Kartografie: © KOMPASS Karten GmbH; Lizenz-Nr. 73-0912-LAB

Kartenschnitte: Mikka Klöppel und Manuela Drenska, ULP GmbH, München

Höhenprofile: Mikka Klöppel und Steffi Hamann, ULP GmbH, München

Redaktion und Projektmanagement: Dr. Anke Susanne Hoffmann, ULP GmbH, München

Layout & Satz: BUCHFLINK Rüdiger Wagner, Nördlingen

Druck und Bindung: Generál Druckerei GmbH

Printed in Hungary

ISBN: 978-3-944386-08-9

Copyright © 2014 by ULPbike Verlag, ein Unternehmen der ULP GmbH, München.

2. Auflage Mai 2014

Ihr findet uns im Internet unter:
www.ulpbike-verlag.de
Für Hinweise und Anregungen sind wir dankbar:
info@ulpbike-verlag.de

Bildnachweis: Soweit nicht anders vermerkt, sind alle Bilder Eigentum der ULP GmbH: © ULP GmbH, München. S. 3: Hurry/pixelio.de; S. 6: Peter Heinrich/pixelio.de; S. 26: Helmut J. Salzer/pixelio.de; S. 31: Campomalo/pixelio.de; S. 32: Andreas Agne/pixelio.de; S. 35: Klaus Brüheim/pixelio.de; S. 36: Andreas Agne/pixelio.de; S. 37: Peter Kamp/pixelio.de; S. 42: TVB Südtirols Süden; S. 45: TVB Südtirols Süden; S. 46: R. Kiaulehn/Bike Ingarda; S. 50 oben: Udo Sodeikat/pixelio.de; S. 50 unten: grs1305/pixelio.de; S. 53: Doris Rennekamp/pixelio.de; S. 55: Udo Sodeikat/pixelio.de; S. 56: nimkenja/pixelio.de; S. 60: KOGA B.V.